中学物理微课制作与应用

主　编　周兆富
顾　问　岑健林
编写人员　刘小丰　符方阳　陈如兵　鲁智勇
　　　　　叶耀词　黄敬华　朱建平　邓超祥
　　　　　麦俭富　李　敏　范锡光　梁晓华
　　　　　詹京都　李群英　曹婷婷　赵志盈
　　　　　陈弘皓　任富华　王才海　张　铜
　　　　　胡春安　周　璐　吴　维　梁利享
　　　　　廖　宇　林　灏

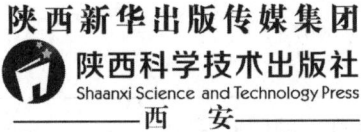

图书在版编目(CIP)数据

中学物理微课制作与应用／周兆富主编. —— 西安：陕西科学技术出版社,2021.11
ISBN 978 – 7 – 5369 – 8007 – 5

Ⅰ. ①中… Ⅱ. ①周… Ⅲ. ①中学物理课 – 教学研究 Ⅳ. ①G633.72

中国版本图书馆 CIP 数据核字(2021)第 098914 号

中学物理微课制作与应用
周兆富　主编

责任编辑	林成岗
封面设计	朵云文化

出 版 者	陕西新华出版传媒集团　　陕西科学技术出版社
	西安市曲江新区登高路 1388 号 陕西新华出版传媒产业大厦 B 座
	电话 (029)81205187　传真 (029) 81205155　邮编 710061
	http://www.snstp.com
发 行 者	陕西新华出版传媒集团　　陕西科学技术出版社
	电话(029)81205180　81206809
印　　刷	陕西天地印刷有限公司
规　　格	787mm×1092mm　　16 开
印　　张	11.5
字　　数	220 千字
版　　次	2021 年 11 月第 1 版
	2021 年 11 月第 1 次印刷
书　　号	ISBN 978 – 7 – 5369 – 8007 – 5
定　　价	28.00 元

版权所有　　翻印必究

前　言

《中学物理微课制作与应用》以物理课程标准为依据,全面落实核心素养理念,渗透 STSE(科学、技术、社会、环境)教育思想,从教学实际需要出发,通过案例解读的形式说明微课在传统教学、线上教学、翻转课堂中的作用,让广大中学物理教师知道为什么要设计和制作微课。

本书以提升物理教师信息技术应用能力和教学水平为目的,从微课的起源谈起,突出解决"为什么制作微课""如何设计和制作微课""怎样应用微课"3大问题。编者站在普通教师的视角,从较低的起点入手,选择应用广泛的技术手段,向广大教师传播容易普及的微课制作技术,让读者学会简单的课件制作,以及视频、音频的录制和编辑等方法,在阅读本书过程中突破微课制作的技术瓶颈。

本书共分4部分内容:一是微课的起源与发展,二是微课设计与制作方法,三是微课制作实用技术,四是中学物理演示实验微课设计与应用。每部分内容针对实际教学需要,阐明教学中需要什么样的微课、如何制作微课、如何发挥微课在教学中的作用,以及如何针对各种课型选取素材,如何选择、制作、使用和评价微课。本书是提升教师物理微课制作技术水平,提升教学素养的实用性图书。

本书特色:

特色一:降低难度,让微课普及成为可能。本书选取简单易学且适用的录音、录像、录屏和编辑等软件,采用所见即所得的方式,降低微课制作的技术门槛,让每位读者都能设计制作出适用的微课。

特色二:服务教学,把微课融入教学之中。编者借用名师和专家的思想和理念,站在教学实践的视角组织编写内容,让教师在设计和制作微课之初能够了解如何选择微课内容,在教学过程中知道怎样使用微课,让微课更好地为教学服务。

特色三:提升素质,让微课与教学研究相互融合。本书倡导教学与教研同步,让教师在微课制作与应用过程中走上"能教学、会研究、善思考、勤钻研、敢创新"的成长之路,取得教研成果和学生成绩双丰收。

佛山市教育局教学研究室　周兆富
2021年8月

目 录

第 1 章 微课的起源与发展 ··· 1

1.1 微课的起源 ··· 1
1.1.1 翻转课堂起源与微课 ··· 1
1.1.2 一分钟教学法与微课 ··· 2
1.1.3 中小学教学与微课 ··· 3
1.2 微课的发展 ··· 4
1.2.1 从教学视频片段到微课 ··· 4
1.2.2 从微课到教研共同体 ··· 5
1.2.3 微课的展示和大赛活动 ··· 6
1.3 微课的应用 ··· 8
1.3.1 苏格拉底问答启发式微课 ··· 8
1.3.2 一分钟目标、称赞和矫正式微课 ··· 9
1.3.3 萨尔曼·可汗的翻转课堂式微课 ··· 12

第 2 章 微课设计与制作方法 ··· 16

2.1 微课的基本资源构成 ··· 16
2.1.1 教学资源的现状与困惑 ··· 16
2.1.2 教学资源库建设与整合 ··· 17
2.1.3 微课的教学资源类型 ··· 18
2.2 微课的分类与教学方法 ··· 19
2.2.1 微课在教学中应用的误区 ··· 19
2.2.2 在教学中应用微课的分类 ··· 20
2.2.3 微课在教学中的应用方法 ··· 22
2.3 微课的教学设计策略 ··· 24
2.3.1 微课的设计与制作原则 ··· 24
2.3.2 微课资源构成与交互性 ··· 25

  2.3.3 微课的一对一感觉 ………………………………………………… 27
  2.3.4 微课设计和应用的特点 ………………………………………… 28
 2.4 微广播课录制的实践活动 …………………………………………… 28
  2.4.1 微广播课录制的目的与原则 …………………………………… 29
  2.4.2 学生使用微广播学习的方法 …………………………………… 30
  2.4.3 目标驱动、问题引领的微广播 ………………………………… 31

第3章 微课制作实用技术 …………………………………………… 33

 3.1 微课的录音与录屏技术 ……………………………………………… 33
  3.1.1 微课的录音技术 ………………………………………………… 33
  3.1.2 "PPT + 录屏"微课的录制技术 ………………………………… 34
  3.1.3 "剪辑师"录屏技术 ……………………………………………… 37
 3.2 微课的视频录制技术 ………………………………………………… 39
  3.2.1 视频工具特点 …………………………………………………… 39
  3.2.2 摄像机拍摄微课 ………………………………………………… 41
  3.2.3 手机拍摄微课 …………………………………………………… 42
  3.2.4 可汗学院模式 …………………………………………………… 47
  3.2.5 微课视频构图 …………………………………………………… 47
 3.3 微课视频编辑与后期制作 …………………………………………… 50
  3.3.1 微课的片头设计与制作 ………………………………………… 51
  3.3.2 用"爱剪辑"制作微课片头 ……………………………………… 51
  3.3.3 用"剪辑师"编辑微课 …………………………………………… 56
  3.3.4 编辑微课视频参数和要求 ……………………………………… 61
  3.3.5 视频封装编码与上传 …………………………………………… 62
 3.4 微课暂停功能设置与应用 …………………………………………… 64
  3.4.1 用"爱剪辑"设置微课的定格(暂停) …………………………… 64
  3.4.2 用"剪辑师"设置微课的定格(暂停) …………………………… 65
  3.4.3 微课教学中暂停键的应用 ……………………………………… 68

第4章 中学物理演示实验微课设计与应用 …………………………… 71

 4.1 测量类演示实验制作与应用 ………………………………………… 71
  4.1.1 "特殊方法测密度"教学板书与教学流程 ……………………… 71
  4.1.2 "特殊方法测密度"微课的任务清单与脚本 …………………… 72
  4.1.3 "特殊方法测密度"微课内容、节点与教学应用 ……………… 73

         4.1.4 "特殊方法测密度"微课制作的软、硬件和流程 ……………………… 75
    4.2 验证类演示实验微课的制作与应用 …………………………………………… 75
         4.2.1 "大气压强"教学板书与教学流程 ……………………………………… 76
         4.2.2 "大气压强"微课的任务清单与脚本 …………………………………… 76
         4.2.3 "大气压强的存在"微课内容、节点与教学应用 ……………………… 77
         4.2.4 "大气压强"微课制作软、硬件和流程 ………………………………… 81
    4.3 探究类实验的微课制作与应用 ………………………………………………… 81
         4.3.1 "声音的产生与传播"教学板书与教学流程 …………………………… 81
         4.3.2 "声音的产生与传播"微课的任务清单与脚本 ………………………… 82
         4.3.3 "声音是由振动产生的"微课内容、节点与教学应用 ………………… 83
         4.3.4 "声音的产生与传播"微课制作软、硬件和流程 ……………………… 86

第 5 章 中学物理学生实验微课制作与应用 …………………………………… 87
    5.1 测量类学生实验微课制作与应用 ……………………………………………… 87
         5.1.1 "测量物质的密度"教学板书与教学流程 ……………………………… 87
         5.1.2 "测量物质的密度"微课的任务清单与脚本 …………………………… 87
         5.1.3 "测量物质的密度"微课的内容、节点与教学应用 …………………… 88
         5.1.4 "测量物质的密度"微课制作软、硬件和流程 ………………………… 91
    5.2 验证类学生实验微课制作与应用 ……………………………………………… 91
         5.2.1 "阿基米德原理"教学板书与教学流程 ………………………………… 92
         5.2.2 "阿基米德原理"微课的任务清单与脚本 ……………………………… 92
         5.2.3 "验证物体没有完全浸没时的阿基米德原理"微课内容、节点与教学应用
                ……………………………………………………………………………… 93
         5.2.4 "阿基米德原理"微课制作软、硬件和流程 …………………………… 97
    5.3 探究类课堂教学微课制作与应用 ……………………………………………… 97
         5.3.1 "大气压强"教学板书与教学流程 ……………………………………… 97
         5.3.2 "大气压强"微课的任务清单与脚本 …………………………………… 98
         5.3.3 "大气压强的存在"微课内容、节点与教学应用 ……………………… 99
         5.3.4 "大气压强"微课制作软、硬件和流程 ………………………………… 101

第 6 章 中学物理创新实验微课制作与应用 …………………………………… 102
    6.1 走进生活创新实验微课制作与应用 …………………………………………… 102
         6.1.1 "电阻"教学板书与教学流程 …………………………………………… 102
         6.1.2 "电阻"微课的任务清单与脚本 ………………………………………… 103

  6.1.3 "电阻"微课内容、节点与教学应用 ……………………………… 104
  6.1.4 "电阻"微课制作软、硬件和流程 ……………………………… 107
 6.2 课堂教学创新实验微课制作与应用 ……………………………………… 107
  6.2.1 "物态变化复习"教学板书与教学流程 ………………………… 107
  6.2.2 "灭火器制霜"微课的任务清单与脚本 ………………………… 108
  6.2.3 "灭火器制霜"微课内容、节点与教学应用 …………………… 109
  6.2.4 "灭火器制霜"微课制作软、硬件和流程 ……………………… 112
 6.3 科技创新发明实验微课的制作与应用 …………………………………… 112
  6.3.1 "变阻器"教学板书与教学流程 ………………………………… 113
  6.3.2 "变阻器"微课的任务清单与脚本 ……………………………… 113
  6.3.3 "变阻器的应用"微课内容、节点与教学应用 ………………… 114
  6.3.4 "变阻器"微课制作软、硬件和流程 …………………………… 118

第 7 章 中学物理新课教学微课制作与应用 ……………………………… 119

 7.1 概念类课堂教学微课制作与应用 ………………………………………… 119
  7.1.1 "温度"教学板书与教学流程 …………………………………… 119
  7.1.2 "温度"微课的任务清单与脚本 ………………………………… 120
  7.1.3 "温度"微课内容、节点与教学应用 …………………………… 121
  7.1.4 "温度"微课制作软、硬件和流程 ……………………………… 123
 7.2 规律类课堂教学微课制作与应用 ………………………………………… 123
  7.2.1 "牛顿第一定律"教学板书与教学流程 ………………………… 124
  7.2.2 "牛顿第一定律"微课的任务清单与脚本 ……………………… 124
  7.2.3 "牛顿第一定律"微课内容、节点与教学应用 ………………… 125
  7.2.4 "牛顿第一定律"微课制作软、硬件和流程 …………………… 128
 7.3 探究类课堂教学微课制作与应用 ………………………………………… 129
  7.3.1 "平面镜成像"教学板书与教学流程 …………………………… 129
  7.3.2 "探究平面镜成像"微课的任务清单与脚本 …………………… 129
  7.3.3 "探究平面镜成像"微课内容、节点与教学应用 ……………… 131
  7.3.4 "探究平面镜成像"微课制作软、硬件和流程 ………………… 134

第 8 章 中学物理复习课的微课制作与应用 ……………………………… 135

 8.1 单元复习类微课制作与应用 ……………………………………………… 135
  8.1.1 "声现象"单元复习课板书与教学流程 ………………………… 135
  8.1.2 "声现象"单元复习微课的任务清单与脚本 …………………… 135

8.1.3 "声现象"微课内容、节点与教学应用 …………………………… 136
8.1.4 "声现象"单元复习微课制作软、硬件和流程 …………………… 140
8.2 备考复习类微课制作与应用 ……………………………………………… 140
8.2.1 "应用等量关系测液体密度中考复习"教学板书与教学流程 …… 140
8.2.2 "应用等量关系测液体密度中考复习"微课的任务清单与脚本 … 140
8.2.3 "应用等量关系测液体密度中考复习"微课内容、节点与教学应用 … 141
8.2.4 "应用等量关系测液体密度中考复习"微课制作软、硬件和流程 … 144
8.3 试卷讲评类微课制作与应用 ……………………………………………… 144
8.3.1 "'声、光、热'综合测验试卷评讲课"教学板书与教学流程 …… 144
8.3.2 "'声、光、热'综合测验试卷评讲课"微课的任务清单与脚本 … 145
8.3.3 "'声、光、热'综合测验评讲课"微课内容、节点与教学应用 … 145
8.3.4 "'声、光、热'综合测验评讲课"微课制作软、硬件和流程 …… 148

第9章 中学物理学生参与微课制作与应用 …………………………………… 149

9.1 学生参与实验类微课制作与应用 ………………………………………… 149
9.1.1 "物体的浮沉条件及应用"教学板书与教学流程 ………………… 149
9.1.2 "物体的浮沉条件及应用"微课的任务清单与脚本 ……………… 150
9.1.3 "物体的浮沉条件及应用"微课内容、节点与教学应用 ………… 151
9.1.4 "物体的浮沉条件及应用"微课制作软、硬件和流程 …………… 153
9.2 学生参与命题类微课制作与应用 ………………………………………… 153
9.2.1 "焦耳定律(第2课时)"教学板书与教学流程 …………………… 153
9.2.2 "焦耳定律(第2课时)"微课的任务清单与脚本 ………………… 154
9.2.3 "保温、加热电路命题"微课内容、节点与教学应用 …………… 155
9.2.4 "焦耳定律(第2课时)"微课制作软、硬件和流程 ……………… 157
9.3 教师学生互动类微课制作与应用 ………………………………………… 157
9.3.1 "惯性"教学板书与教学流程 ……………………………………… 157
9.3.2 "惯性"微课的任务清单与脚本 …………………………………… 158
9.3.3 "惯性"微课内容、节点与教学应用 ……………………………… 159
9.3.4 "惯性"微课制作软、硬件和流程 ………………………………… 161

第10章 科技创新的微课制作与应用 …………………………………………… 162

10.1 科技创新教学的微课制作与应用 ………………………………………… 162
10.1.1 "电动机能发电吗"板书与教学流程 …………………………… 162
10.1.2 "电动机能发电吗"微课的任务清单与脚本 …………………… 162

10.1.3 "电动机能发电吗"微课内容、节点与教学应用 …………………… 163

10.1.4 "电动机能发电吗"微课制作软、硬件和流程 …………………… 166

10.2 科技创新实践的微课制作与应用 ……………………………………… 167

10.2.1 "导体与通断路的检测"教学板书与教学流程 …………………… 167

10.2.2 "导体与通断路的检测"微课的任务清单与脚本 ………………… 167

10.2.3 "导体与通断路的检测"微课内容、节点与教学应用 …………… 168

10.2.4 "导体与通断路的检测"微课制作软、硬件和流程 ……………… 170

10.3 生活中科技创新的微课制作与应用 …………………………………… 171

10.3.1 "变阻器"教学板书与教学流程 …………………………………… 171

10.3.2 "变阻器"微课的任务清单与脚本 ………………………………… 171

10.3.3 "变阻器"微课内容、节点与教学应用 …………………………… 172

10.3.4 "变阻器"微课制作软、硬件和流程 ……………………………… 174

第1章　微课的起源与发展

1.1　微课的起源

"微课"是近年在我国教育界兴起的新型教与学方式,是指基于方便学生学习的设计理念,通过"点"状、碎片化的方法,运用多媒体技术,在 5~10 分钟以内完成的微课程。微课内容可以是教材解读、题型精讲、考点归纳,也可以是方法传授、教学经验等技能方面的知识讲解和展示。微课是教学的有效补充形式,不仅适合于移动学习时代知识的传播,也适合学习者个性化、深度学习的需求。

1.1.1　翻转课堂起源与微课

(1) 可汗学院的创建

2004 年,美国人萨尔曼·可汗(Salman Khan)12 岁的表妹纳迪娅在一次数学考试中失利了,于是向这位"数学天才"表哥求助。通过雅虎的聊天软件、互动写字板和电话,可汗帮助她解答了所有问题,为了让她听明白,他尽量说得浅显易懂。很快,他的侄子、外甥、外甥女也上门讨教,可汗忙不过来了,索性把数学辅导材料制作成视频,放到 YouTube 网站方便更多人分享,并于 2006 年创办了可汗学院。① 从萨尔曼·可汗著的《翻转课堂的可汗学院》序言的描述可知,可汗把完整的课堂拆分成多个微小的内容,通过远程视频播放给学生。也就是说,现代微课起源应始于 2006 年萨尔曼·可汗创办的可汗学院。有趣的是,可汗学院从只有 1 个学员开始,截至 2014 年 1 月,YouTube 上的"可汗学院频道"共吸引了 163.3 万订阅者,观看超过 3.55 亿次。

(2) 翻转课堂理念

萨尔曼·可汗《翻转课堂的可汗学院》序言的标题为《谁都可以享受世界一流的免费教育》,其中提出:"我的使命宣言是:让地球上的任何人都能随时随地享受世界一流的免费教育。""我想在教育过程中传递快乐,并让学生在了解宇宙万物时感到兴奋。""不管是 8 岁的孩子还是 80 岁的老人,作为学生的他们每次点开一个新的教学视频时,就像开启了一段属于自己的探索历程。学习过程中产生的疑惑以及需要做的练习都会给学生

---

① 萨尔曼·可汗.翻转课堂的可汗学院:互联时代的教育革命[M].刘婧,译.杭州:浙江人民出版社,2014.

带来挑战,而学生按自己的学习节奏应对这些挑战。"可汗式学习方式让学生放下了包袱,轻装向前走自己的路,做学习的主人。

(3)翻转课堂与微课

萨尔曼·可汗把大量免费的电子版微型辅导课程上传到 YouTube 网站,课程的旁白全部由可汗录制,同时,他还同世界各地的网上学习者通过邮件互动。2010 年年初,比尔·盖茨的朋友向他推荐了可汗的网站。神奇的是,那些盖茨怎么也解释不清的知识点,可汗通过短短 12 分钟的视频,就让孩子们融会贯通。盖茨对可汗的评价是:"他是一个先锋,他借助技术手段,帮助大众获取知识、认清自己的位置。这简直是引领了一场革命!"

萨尔曼·可汗的"翻转课堂"改变了学生的学习方式,让学生的学习从线下转到线上,从传统课堂一次性教学转化为学生线上随时随地重复学习的自主学习方式,学生成为学习的主人。这是对传统课堂教与学方式的一次颠覆。萨尔曼·可汗"手写板+旁白"的"黑板上写粉笔字"的方式,让学生有了课堂上同教师共同上课的感受,而每段微视频只有 8～12 分钟的播放时间,很好地迎合了大部分学生学习可集中精力的时间。"翻转课堂"起源于教学的实际需要,微课是翻转课堂的组成部分,也是由翻转课堂引发的创新教学模式。

1.1.2 一分钟教学法与微课

(1)一分钟的重要性

一分钟激励的特点就是令人愉悦、信息丰富,鼓舞人心、催人奋进。阐述一个观点、传递一个信息或者改变一个人的生活,不会用太长时间——事实上,只需要一分钟。[①] 一分钟就是你阅读一页书的时间,但它很重要,因为一分钟是实现梦想的起点。从伟大的一分钟开始,才有伟大的一小时;从伟大的一小时开始,才有伟大的一天;从伟大的一天开始,才有伟大的一周,才有伟大的一月和一年,也才有你伟大的一生! 这全是从那微小的一分钟开始的。这就是为什么我们必须珍惜每一分钟,必须有效地利用我们的时间。美国教育家本杰明博士说得好:"我只有一分钟,只有 60 秒,谁也无法拒绝。不必去寻找,不必去选择,只要善加利用就好。若失去这一分钟,我必因此受损。时间不等人,所以我们要留意时间,要认识到时间是我们所拥有的最宝贵的财富。"[②]

(2)一分钟教学法

1993 年,美国北爱荷华大学 LeRoy A. McGrew 教授提出了 60 秒课程(60 - Second Course)。1995 年,英国纳皮尔大学 T. P. Kee 提出了一分钟演讲(The One Minute Lecture)。2009 年 3 月,在一篇名为 These Lectures Are Gone in 60 Seconds 的文章中,作者 David

---

① 威利·乔利. 一分钟改变人生[M]. 张贺,译. 海口:南海出版社,2002:前言.
② 威利·乔利. 一分钟改变人生[M]. 张贺,译. 海口:南海出版社,2002:31 - 32.

Shieh 介绍了位于美国新墨西哥州法明顿市圣胡安学院的课程设计师 David Penrose,他在学院内使用一分钟微课(Microlecture)并收到了良好的效果。所以,世界上微课的真正创始人恐怕非这位先生莫属。①

华盛顿大学医学院的 Kay Gordon 和 Barbara Mayer 提出"一分钟带教"(一分钟教学法)的 5 步:第一步,获得一个结论,让学生尝试回答简单问题并自己找到答案;第二步,探求支持的依据,了解学生是如何获得这个结论的,思考的依据是什么,可以帮助教师评估学生的知识面;第三步,传授通用规则,体现出如何分享教师的丰富经验,目的并不是关注少见的案例或者孤立的情况,而是传授 1~2 个特定案例的鉴别和实证要点或方案;第四步,强调正确内容,通过简单的强调能提高初学者的实操技巧,抓住机会对做得好的地方和已经取得的成效给予积极的评价;第五步,纠正失误的方向,让学生有机会找到自己的错误。学生的错误一次不纠正,可能还会再错很多次,让学生说出自己的错误和纠正的方法。

(3)一分钟教师

2003 年,美国学者斯宾塞·约翰逊、康斯坦斯·约翰逊在其所著《一分钟教师》②一书中,提出了一分钟在教学中的作用。书中有许多关于一分钟的理论,比如说一分钟目标、一分钟赞许、一分钟矫正等。采用一分钟教师法,实现了教学的事半功倍。书中建议培养学生学习的能力,因为在生活中,除了学校的学习以外,学生更多的是要在社会中学习生存的技能。作者认为,经常上讲台的老师,一分钟精辟的授课,胜过一小时的滔滔不绝。把花 5 个课时的时间,提炼成一分钟的内容,花两分钟传授给学生。要做到手上无书,心中有书。《一分钟教师》中很多教学理念和方法实际上就是微课程的一种体现。同现代翻转课堂及微课不同的是,一分钟教师阐述的教学方法和教学内容不是通过网络传播,而是需在真实的教育教学过程中,在教师同学生面对面互动过程中进行体验和总结。

1.1.3 中小学教学与微课

在我国,微课起源于中小学教学的需要,突出非线性和碎片化教学的需要,用少量的时间解决关键性的小问题。佛山教育局信息中心的胡铁生老师发表于《电化教育研究》的文章《微课:区域教育信息资源发展的新趋势》中,在介绍"微课"的概念和组成时指出:"微课是指按照新课程标准及教学实践要求,以教学视频为主要载体,反映教师在课堂教学过程中,针对某个知识点或教学环节开展教学活动时各种资源的有机组合。微课的核心内容是课堂教学视频(课例片段),同时还包含与该教学主题相关的教学设计、素材课件、教学反思、练习测试及学生反馈、教师点评等教学支持资源,它们以一定的结构

---

① 张岩.微课的起源与发展[J].学子(理论版),2015(20):8.
② 斯宾塞·约翰逊,康斯坦斯·约翰逊.一分钟教师[M].周晶,译.海口:南海出版社,2003.

关系和呈现方式共同营造了一个半结构化、主题突出的资源单元'生态环境'。"因此,微课既有别于传统单一的教学课例、教学课件、教学设计、教学反思等资源类型,又是在其基础上继承和发展起来的一种新型教学资源。微课的主要特点是:"主题突出,指向明确;资源多样,情境真实;短小精悍,使用方便;半结构化,易于扩充。"微课可分为以语言传递信息为主的方法、以直接感知为主的方法、以实际训练为主的方法、以欣赏活动为主的教学表演方法、以引导探究为主的方法。[1]

1.2 微课的发展

2010年,广东省佛山市启动了"智能教育"工程,通过引入人工智能技术提升教育信息化成效,转变信息技术支持学习、教学与管理的理念,促进教育信息化向高阶应用发展。2011年,广东省佛山市教育信息网络中心首创了"微课模式"[2]之后,微课迅速在全国火热起来。同时,微课作为"智能教育"工程的重要成果,成为2011年教育博览会上的一个信息化成果亮点。[3]

在中小学教学过程中,教师可运用微课的交互性、可控制、可操作,打破传统学习或信息获取的线性结构化瓶颈,为个性化与差异化服务提供技术支持。应用可体验、可控制、可设置等方法提升学习效益,让微课适应不同群体,适应不同学习基础、不同学习能力、不同学习目标学生的要求。

1.2.1 从教学视频片段到微课

2008年,广东省佛山市为了促进教育公平与均衡发展,充分依托信息技术共享名师资源,启动了精品课例(课堂实录)征集工作。征集课例数量可观,但难以吸引师生使用。2010年,经过深入探索、实践、分析与研究发现,学生更喜欢课堂学习过程中重、难点等疑问解答,时间不需要太长,能给学生解决学习问题、使用方便的方法。为此,佛山市又开展了教学重点难点视频片段的征集工作。

(1) 萌芽期(2008—2011年)

2008年,在岑健林教授的主持与主导下,佛山市启动了中小学新课程优秀课例片段征集评选活动。征集到的教学重点难点视频片段有利于学生解疑释惑,这一新资源形式得到迅速发展。经过不断改进、研究、应用与实践探索,逐步形成了"佛山市教学重点难点课例片段数据库"。此时,微课的雏形初步呈现。[4]

---

[1] 胡铁生.微课:区域教育信息资源发展的新趋势[J].电化教育研究,2011(10):61-65.
[2] 李晓玲.佛山教育局全国首创"微课堂"点击率破5万[N].南方日报,2011-05-19.
[3] 佛山教育局"微课时代"宣传片[DB/OL].https://compaign.tudou.com/v/XMjA5NjgyNjQ3Mg==.
[4] 岑健林."互联网+"时代微课的定义、特征与应用适应性研究[J].中国电化教育,2016(12):97-100.

(2)诞生期(2011年)

2011年5月,在佛山市教育博览会上,为了更好地表达"教学重点难点"课例片段资源新形式,何蕴毅从当时流行的"微博"引申,把"教学重点难点"课例片段命名为"微课"。[①] 在佛山教育博览会上,佛山市智能教育工程工作领导小组用"微课"这个新名词介绍其应用成效,在各大媒体广泛宣传报道下,微课瞬间得以快速发展,并席卷全国。

(3)发展期(2011年至今)

2015年5月,为了突破微课发展的瓶颈,佛山市教育局从第四届微课的征集活动起,提出以学为主、以学生为中心的模式。联合广州、日照、肇庆、株洲等市中小学开展微课征集活动,推动微课共建共享与发展,形成了微课的开发、应用、研究等一系列成果。2016年,岑健林主持的"微课技术标准的研究与推广"课题被列为中国教育信息化产业技术创新战略联盟教育科研"十二五"重点专项课题。2018年,研究成果《微课技术标准V1.0》对微课的定义、术语、特征、结构等进行了界定,为微课的设计、创作、应用与研究提供了相应规范。2016年和2017年,岑健林把长达5年的研究成果连续撰文《"互联网+"时代微课的定义、特征与应用适应性研究》《微课定义与特征诠释》,分别发表于《中国电化教育》和《教育信息技术》,详细阐述了微课是指运用信息技术,按照认知规律,呈现碎片化学习内容、过程及扩展素材的结构化数字资源。该定义科学地给出了微课的内涵、外延、性质、理论支持、技术依托、基本形态等,为广大教师正确理解微课,正确传导微课理论和理念提供了有力支持。[②]

1.2.2 从微课到教研共同体[③]

"微课应用创新研究合作共同体"(以下简称"共同体")是广东省教育信息化教学应用实践共同体项目的重点项目之一。共同体以微课创新应用为发展核心,构建了可视化学习共同体平台,开发与教学实际相适应的微课系列资源,培养微课应用、微课制作、教学创新的骨干教师队伍。微课应用创新研究合作共同体是基于互联网,以微课研发与应用为内涵的学习协作团体,由指导专家或负责人、导师单位和学员单位组成。指导专家或负责人全面指导共同体的发展与运行。导师单位能独立完成共同体项目任务,并有余力且愿意帮助其他单位;学员单位自愿加入共同体,具有很强的主观能动性。共同体微课技术在创新中传导基于微课封装技术,微课实现了支持非线性结构化的学习模式创新。共同体项目依托微课制作工具"知识视图",实现了微课学习与共享、交流与研制、学

---

① 岑健林.微课定义与特征诠释[J].教育信息技术,2017(7):79-81.
② 许力,杨健,华子荀.教育信息化2.0背景下微课发展趋势研究——基于全国18129篇相关文献的统计分析[J].中国教育信息化,2020(17):5-10.
③ 岑健林,王统增,杨健."互联网+"教学创新共同体机制研究与实践探索——以微课应用创新研究合作共同体为例[J].中国教育信息化,2020(20):21-24.

习与提升一体化模式,自2019年12月启动以来,已经开展了多次云端技术分享讲座,传导技术辐射面覆盖了广东省21个地市,吸引了近万名教师参加学习;举办了多场线下技术专题讲座,导师团在学员单位开办技术讲座,在技术应用上诠释传、帮、带、扶、导,围绕共同体中心任务,把微课技术及时有效地传导给所有共同体成员。目前,共同体已有53个成员单位,基本覆盖了广东省各市区。建立了1个活动社区、1个共享社区("知识视图"平台)、1个公众号(微课准则),网上群组交流和研讨热烈,传帮带教辐射、引领和帮助了1000多所学校的师生。

1.2.3 微课的展示和大赛活动

(1)佛山市中小学微课大赛

佛山市教育局于2011年率先在全市开展"第一届中小学(中职)微课作品与微课教学应用案例征集评选活动",活动在全国产生了一定的影响。从2011年启动第一届微课大赛至今,佛山市微课研究成果引领全国微课建设与应用发展。2014年佛山市第四届微课大赛特色众多,亮点纷呈。

1)由基于教师讲授为主的"知识点型微课",转向全面支持学生自主探究协作学习的"专题学习型微课"建设。

2)微课建设领域从早期的侧重于中小学主要学科,到全面覆盖中小学、幼儿园和职业教育全部领域全部学科,并且开始渗透到公民行为、安全教育等微课,类型包括传道型、授业型、解惑型等各类型。

3)以微课的教学实践应用引领微课作品的设计与开发,从关注微课技术层面深入技术背后的教育教学本质问题,更加关注微课的创新教学设计,全面提升微课的设计质量。

4)从注重由微课作品实体建设,到微课教学应用实践案例的征集。

5)由单打独斗式开发,走向与广州、肇庆、日照、株洲等多地市的跨区市联盟建设微课。

(2)全国中小学微课大赛

2012年,由教育部教育管理信息中心指导,由中国教育发展战略学会教育信息化专业委员会和《中国教育信息化》杂志社主办的第一届全国中小学优秀微课征集活动,拉开了全国微课大赛的序幕。2018年,由教育部教育管理信息中心、中国教育发展战略学会、全国教育信息化专业委员会举办的第四届全国中小学优秀微课征集活动通知中,对微课的设计要求、设计指标进行了描述:①设计要求:选题要简明,内容须科学正确、结构完整、逻辑清晰;②用规范技术和语言,要达成目标教学,要形式新颖、精彩有趣;③视频要有片头片尾,显示标题、作者、单位等信息;④主要教学内容和环节有字幕提示或说明;⑤视频格式为MP4、MPEG、WMV,时间一般为8分钟,最长不宜超过10分钟。

微课设计指标

一级指标	二级指标	指标说明	得分	合计
教学选题(10分)	选题简明	选题设计必须紧扣教学大纲，围绕某个知识点、教学环节、实验活动等展开，选题简洁，目标明确，利于教学		
	选题典型	解疑定位精准，有个性和特色，应围绕日常教学或学习中常见、典型、有代表性的问题或内容进行设计，能够有效解决教与学过程中的重点、难点、疑点等问题		
教学内容(30分)	科学正确	概念描述科学严谨，文字、符号、单位和公式等符合国家标准，符合出版规范；作品无著作权侵权行为，无敏感性内容导向		
	结构完整	提交的作品必须是微课视频，也可以提供与选题相关的辅助扩展资料（可选）：微教案、微习题、微课件、微反思等，便于评审。 微教案的设计要素齐全，内容要精确，注重实效。 微习题要有针对性与层次性，主观、客观习题的设计难度等级要合理。 微课件设计要形象直观、层次分明、重点和难点突出，力求简单明了。 微反思应该真实细致，落到实处，拒绝宽泛、套话		
	逻辑清晰	教学内容的组织与编排要符合当前中小学生的认知逻辑规律，设置合理，逻辑性强，明了易懂		
视频规范(20分)	技术规范	微课视频录制方法与设备灵活多样（可采用DV摄像机、数码摄像头、录屏软件等）。 微课视频一般不超过10分钟；视频画面清晰、图像稳定、构图合理、声画同步，能全面真实反映教学情景		
	语言规范	使用规范语言，普通话或英语需标准，声音清晰，语言富有感染力		
教学活动(30分)	目标达成	达成符合学生自主学习、方便教师教学使用的目标，通用性好，交互性强，能够有效解决实际学习及教学问题，高效完成设定的教学目标，促进学习者思维的提升、能力的提高		
	精彩有趣	符合创新教育理念，体现新教材教学方法，教学过程深入浅出，形象生动，精彩有趣，启发引导性强，有利于学生学习积极性和主动性的提升		
	形式新颖	微课构思新颖，富有创意，类型丰富（讲授类、解题类、答疑类、实验类、其他类）		

续表

一级指标	二级指标	指标说明	得分	合计
网上评价（10分）	网上评价	作品提交后，将在网上进行展示并提供给学生学习和教师教学应用，根据线上的观看点击率及投票率等产生综合评价分值		
总分（100分）				

微课是用于课堂教学与学生自主学习的微型课程资源，根据学科和教学内容特点，一般可分为讲授类、应用类和实验演示类3种。微课的开发要符合课程标准的要求，教学目标清晰、定位准确，重、难点突出，能够帮助学生理解和应用知识，发展学生基本学科思想。遵循教育规律，符合学生的认知特点，生动活泼，启发性、引导性强，能激发学生学习的主动性和积极性。适应多种技术条件应用的需求，要充分考虑网络技术与微课的结合，有利于资源在各种平台环境中共享。微课视频一般用于解释知识点的核心概念或内容、方法演示、知识应用讲解。微课学习时间的碎片化不等于课程设计的碎片化，是课程内容的浓缩，具有完整的结构。微课视频的设计一般包括学习目标设计、情景设计和核心概念（内容）的引入、阐述和解释、归纳与小结等环节。微课为学生自主学习微课程提供"学什么"和"怎样学"建议的学习导航，包括学习任务、学习过程、学习方法建议以及配套学习资源推荐。学习任务单强调任务驱动和问题导向，把学习任务转化为激发学生思考的问题，让学生在问题解决过程中达成学习目标。

1.3 微课的应用

从微课的起源与发展看，在国外可以认为"一分钟教学法"是较早的实体微课教学活动的开始。2000多年前古希腊哲学家苏格拉底的问题引领的谈话式教学方式，我国教育家孔子的学生留下的《论语》，都是早期先贤给我们留下的重要教育教学方式文化遗产。萨尔曼·可汗的翻转课堂、佛山教育局岑健林教授等开创的微课是网络与教学完美结合的产物，微课在教学中的应用是承载厚重历史传承的教学与现代技术完美结合的联合体。

1.3.1 苏格拉底问答启发式微课

古希腊苏格拉底把自己看作神赐给雅典人的礼物和使者，任务就是找人谈话讨论问题，探求有用的真理和智慧。"苏格拉底方法"自始至终是以师生问答的形式进行的，所以又叫"问答法"。苏格拉底在教学生获得某种概念时，不是把这种概念直接告诉学生，而是先向学生提出问题,让学生回答,如果学生回答错了,他也不直接纠正,而是提出另外的问题引导学生思考,从而一步一步得出正确的结论。例如,什么是虔诚?什么是民主?什么是美德?什么是勇气?什么是真理?你的工作是什么?你有什么知识和技能?你是不是政治家?如果是,关于统治你学会了什么?你是不是教师?在教育无知的人之前你怎样征服自己的无知?

苏格拉底倡导的问答法对后世影响很大。苏格拉底通过长期的教学实践,形成了一套独特的教学法,人们称之为"苏格拉底方法",他本人则称之为"产婆术"。他母亲是产婆,他借此比喻他的教学方法。他母亲的产婆术是为婴儿接生,而他的"产婆术"教学法则是为思想接生,是要引导人们产生正确的思想。

在课堂上,苏格拉底拿出一个苹果说:"请大家闻闻空气中的味道。"一个学生回答:"我闻到了苹果的香味。"苏格拉底拿着苹果面对学生道:"请仔细闻一闻空气中有无苹果的香味?"有半数的学生举起了手。回到讲台再问,这时除了一个学生外其他人全都举起了手。苏格拉底问这个学生:"难道你真的什么气味也没闻到吗?"那个学生肯定地说:"我真的什么也没闻到!"这时苏格拉底宣布:"他是对的,这是只假苹果。"这个学生就是哲学家柏拉图。

苏格拉底在教学过程中少了对于知识的灌输和对问题结论的讲述,他把自己的教育称为"产婆术"。现实生活中孩子的生产需要在短时间内快速完成,时间长了就是难产,难产的后果不可预料。如把孩子比作知识,知识的生成需要产妇的努力和医生的引领,这就是苏格拉底的"问答式启发教学法",它的教学具备了非线性、碎片化、小目标的特点,也可称之为早期的应用型微课。

1.3.2 一分钟目标、称赞和矫正式微课

美国前教育部长泰雷尔博士在推荐《一分钟教师》时写道:"这是一本很特别的书,它能给我们带来真正的变化。"作者在本书最后写道:"你被学习或工作弄得筋疲力尽了吗?你是否觉得人们对你的要求太高,再怎么努力也够不到?你每天忙忙碌碌,获得别人认可了吗?……为什么不改变自己?脱离疲于奔命两不讨好的日子,让大家都过得既有效率又愉悦呢?读读这本书,并推荐给你认识的人!斯宾塞·约翰逊在这里将教给你3个自我学习的技巧,它们会帮你塑造出全新的自己,把你引向自信、快乐、成就感十足的生活!"

(1)目标的设定

《一分钟教师》在"设定我的一分钟目标:小结"中建议,在设定目标时,要经过以下6个步骤:①我花时间安静地思考我想教会自己什么东西,然后确定我的目标。②我用第一人称、现在时态把我的目标写下来,就好像我已经实现了它一样。③我把目标写得很简单,只要用一分钟就可以读完。④我把目标写得很明确,并设定一个实现目标的具体

时间。⑤我在描述目标的时候用一些表示感觉很好的词汇,每当读到目标,我就能想象出实现时自己有多么愉快。⑥我抽出一分钟,停下来,重温我的目标,检查自己的行为——看看自己的行为和目标是否相符。每天我都重复做几次。①

【案例1】学生的一分钟目标②

教师:"你们中谁会踢足球?"部分学生举手。"你们有多少人曾经射门得分?"部分学生回应。"射门好玩吗?你们有什么感觉?"一个学生:"我感觉棒极了!""你为什么感觉棒极了?"教师问。"因为我射中了。"学生回答。"没错,你踢球是为了射门,一旦射中,你就会感觉很好。"教师说。"还有谁能举一个和射门类似的目标?"一个学生猜测着说:"新年决心算不算?""很好。"教师鼓励地说。"那么有谁实现了新年决心呢?""我的决心连一个星期都没坚持下来。"一个学生回答,"我新年的时候决心不再和妹妹争吵,但是我只坚持了一天。之后,我忘记有这回事了。""怎样做才能记住自己的目标呢?"教师问道。"我们可以把它写下来。"学生提议。"对,"教师说,"这样你就可以随时抽一分钟时间,把它重新读一遍,提醒自己去实现它。"教师在黑板上写下这样一句话:"我用一分钟重温我的计划,看看自己想学些什么,而且每天这样重复做几次。"

【点评】《一分钟教师》目标设定的6个步骤告诉我们,一分钟目标应当怎样做,案例1给出了如何做的示范。在本案例的描述过程中,作者用简单的方法和简洁的语言目标设置,这就是一种有效的微课教学方法,这种方法的妙处在于教师并不直接告诉学生做什么和怎么做,而是用学生熟悉的情况和问题引领学生思考,让学生说、让学生评价,这正是微课教学需要做并可以取得成功的教学方法之一。

(2)一分钟称赞

《一分钟教师》在"一分钟称赞:小结"中给出了5项内容:①我随时随地称赞自己;②当我做对了某件事时,我会具体告诉自己哪些地方做对了,或者哪些地方似乎做对了;③我告诉自己,我对自己做对的事感到非常满意,我停下几分钟,认真地体会自己的成功;④我提醒自己,我实在是个很好的人;⑤我鼓励自己要继续获得那种好的感受——对我的行为和自己感到满意。③

【案例2】一分钟称赞④

"一个学生拼写不太好,他给自己制定的一分钟目标就是在下一次拼写测验中得到75分。结果他只得了72分,他能怎样称赞自己呢?"教师问道。"我知道。"一个学生回答,"我得了72分,这比我从前的成绩好得多!我为自己的进步感到自豪。我知道下一

---

① 斯宾塞·约翰逊,康斯坦斯·约翰逊.一分钟教师[M].周晶,译.海口:南海出版社,2003:25
② 斯宾塞·约翰逊,康斯坦斯·约翰逊.一分钟教师[M].周晶,译.海口:南海出版社,2003:17-19.
③ 斯宾塞·约翰逊,康斯坦斯·约翰逊.一分钟教师[M].周晶,译.海口:海南出版社,2003:37.
④ 斯宾塞·约翰逊,康斯坦斯·约翰逊.一分钟教师[M].周晶,译.海口:海南出版社,2003:34-35.

次测验的时候我肯定能得到75分,我要继续为75分的目标努力练习拼写。我对自己非常满意。""太棒了。"教师说,"练习一分钟称赞的时候一定要诚恳,不能把这当作玩笑,一定要对你自己诚恳。只有这样,你才会相信自己的话,才会觉得这些话很重要。你对自己的感觉越好,学习起来就越积极。"

【点评】《一分钟教师》指出,对自己的赞扬要养成良好的习惯,要遵守一定的规律,这样才有效。在案例2中可以看出,尽管努力了,实际和原来设定的目标还是有一定差距,此时如何处理对自己未来的发展很重要:承认自己的努力和付出,肯定取得了成绩并称赞,为自己加油对自身发展是有作用的。在称赞自己的同时承认同原设定目标的差距,这又是一次重新设定一分钟目标的时刻,也为将来做什么和如何做找准了方向和目标。

(3)一分钟矫正

《一分钟教师》在"一分钟矫正:小结"中的前半分钟指出:①及时发现我的行为出现了与目标不符的地方;②具体告诉自己我究竟错在哪里,是什么阻碍我进行自我学习;③我用几秒钟时间,静静地感受自己的"失误"。我感觉越难受,就越想改正。在后半分钟里:①我提醒自己,虽然我现在做出了不好的行为,但我本身还是一个很好的人。我调整自己的行为,从而对自己感到非常满意。我没有为自己的行为辩护,而且对自己也没有撒谎。②我把想学的东西教给自己。我改变了自己的行为,重新步入正轨。

【案例3】一分钟矫正

《一分钟教师》讲到,20世纪60年代,肯尼迪总统说:"在70年代到来之前,我们要让人类成功地登上月球,再安全地返回地面。"他说这话的时候,还从来没有成功登月的先例。学生说:"这是一分钟目标。""没错。"教师说:"这个目标陈述得非常清楚。总统对整个国家宣布了目标。""你们觉得阿波罗号在飞往月球的过程中和准确着陆的时候,有多少时间在轨道上?"学生说:"它当然一直保持在轨道上,否则就不会准确着陆了。""不对。"教师说,"我们总是觉得成功的人一直都没有偏离过通往成功的轨道,以为那些实现了目标的人从来没有走过弯路。实际上,阿波罗火箭在全程的90%的时间里都是偏离轨道的。更糟糕的是,如果刚刚离开地球就偏离轨道,那将意味着最后与月球相差几百万英里。"学生问:"如果火箭真的偏离轨道,那它们又怎么把宇航员送上月球呢?""人一直在不停地操纵着火箭的航向,每当火箭稍稍偏离了轨道,操作员就会立刻矫正火箭的航向。而那些成功、快乐的人也都是这样做的。"教师在黑板上写下这样一句话:保持正确方向的最好办法,就是不断审视自己的行为,并且随时纠正小错误。①

《一分钟教师》用一个撒谎的例子提出了一分钟矫正:"我刚刚撒了谎。我昨天晚上抄袭了英语作业,我以为这是在和教师撒谎,但实际上是在和我自己撒谎。这让我觉得

---

① 斯宾塞·约翰逊,康斯坦斯·约翰逊.一分钟教师[M].周晶,译.海口:海南出版社,2003:40-42

很难受。"她顿了一顿:"我没有像往常那样对这件事装糊涂,而是让这种很坏的感觉深入心里。我的感觉越差,我学到的东西就越多。我不想撒谎。""我最近的行为不太好,但我本身还是个很好的人,我应该对自己感到满意。""因为我是个很好的人,所以我选择多说实话。""我知道自己下次会说实话,因此对自己的感觉也好了起来。""我希望能很快地再次得到这种好的感觉。"一个学生说:"我刚才给你计算了时间,你说这些连一分钟都没用完。"教师:"在运用一分钟目标、一分钟称赞、一分钟矫正的时候,并不一定要刚好60秒,可能只需十几秒,也可能要用几分钟。"

【点评】本案例的2个故事让我们明白2个道理,像美国阿波罗登月这样的大事,在总统确定目标后,火箭在真实的飞行过程中,90%的时间里都是偏离轨道,保持正确方向的最好做法就是不断矫正。人生也是如此。在面对如何改掉"撒谎"的毛病这个问题上,一个学生的独白让人感到眼前一亮,这种让学生自我修复的办法,让学生在对自己的错误行为感到羞愧、感到失望、感到痛苦的同时,又对自己的人格有自信,相信并有决心矫正自己的错误。这种自我反思与修复的方法是非常有效的,也是一种反思与自我修复型的微课,只是此微课没有脚本、没有预演,是学生面对真实问题的自主生成与矫正的过程。

1.3.3 萨尔曼·可汗的翻转课堂式微课

在可汗学院式微课中,主讲教师只闻其声不见其人,教师边讲解边用彩笔在"电子黑板"上书写要点、标注、图示,将知识点和思维过程可视化,通过恰当的举例、巧妙的提问和风趣、幽默、个性化的语言吸引学生。在可汗学院网站,除了可以反复观看知识点微课视频以外,还针对该知识点提供即时练习、实时学习评价和个别化指导,使学习者能直观地感受到学习的效果,体验到学习的成就感,消除挫折感和无助感。[1]

2011年3月,在美国加州举行的TED(即技术、娱乐、设计)大会上,萨尔曼·可汗受邀作了视频改变教育的演讲,这次演讲成为微课背景下的翻转课堂及可汗学院发展过程中的一个重要里程碑。以下"案例1"和"案例2"均被选为此次会议上萨尔曼·可汗的演讲内容。[2]

【案例1】上传第一个视频帮表妹补习

为了远程辅导身在新奥尔良的表妹和表弟,我在网站上传了我的第一个视频,当时只是想给他们补习功课,帮助他们复习学过的内容。在上传完第一个视频之后,一系列有意思的事情接踵而来。首先是来自我表妹、表弟的反馈。他们告诉我,比起现实生活

---

[1] 张西宁.可视化微课设计的实践研究——基于对可汗学院的分析[J].渭南师范学院学报,2015(4):30-34.
[2] 萨尔曼·可汗.视频改变教育:萨尔曼·可汗在TED大会上的演讲[J].上海教育,2012(17):28-31.

中真人版的萨尔曼·可汗，他们更喜欢视频上的我。这听起来好像很难理解，但如果站在他们的角度，就很容易想通。试想一下，如果你也处于和他们一样的情况，可以把表哥"暂停"，可以"重复播放"表哥，却不用担心是否会浪费表哥的时间；如果想要复习几周前学过的东西，或者几年前学过的东西，不用不好意思去问表哥，只需要看一下那些相关的视频就可以了；还可以按自己的步调，自己安排时间观看视频。对每一个人来说，当大脑在掌握一个新概念的时候，最不需要，或者说最不喜欢的，就是有人问你"明白了吗？"

【点评】萨尔曼·可汗通过短视频为他的表妹补课，也许是世界上第一个通过网络传播教学内容的微课，由此在世界掀起了翻转课堂的风暴。本案例中有2点是值得注意的：在可汗的表妹和表弟的学习过程中，可不断根据其学习需要按下教学视频的"暂停"或"重复播放"键。这看似简单的动作恰好体现了学生的学习主体地位：学生可不受制于教师，具有了学习的选择权和决策权，这些权利的拥有不需可汗(教师)同意。这正是教学关系翻转的起点，也是提升学习兴趣和效率的热点。反观现在的课堂教学，教师们从网上可以找到"物理大师"类成熟且好的微课，遗憾的是教师只是把"物理大师"中的微课快速在教学过程中进行播放，没有暂停、没有思考、没有重放，只有影像的快速展示和快速解读，使微课失去了可汗学院的初衷，没了学生选择和翻转课堂的灵魂，微课的教学效果同影像一样来去匆匆不留痕，播与不播都是空。

【案例2】可汗学院的视频被用到了课堂教学中

萨尔曼·可汗学院的视频，对那些积极性高的学生应该是有用的，对那些在家学习的学生应该也有帮助，但是，它在某种程度上影响了学校的教学。萨尔曼·可汗开始收到老师们的来信，老师们把视频引入教学，让学生回家看，第二天到课堂上则主要做练习。

这件事情对于萨尔曼·可汗来说同样意义非凡。将视频运用到学校教学中的益处是，这些学生也可以像萨尔曼·可汗的表妹、表弟一样来"享受"视频。他们可以按照自己的节奏暂停、重看，并且是在他们自己的时间里做这些事情。这样的应用无疑是科技影响教学的一个客观证据。引入视频后，全班不需要用一个节奏来上课，而是让学生在家按自己的节奏进行学习，等回到教室，学生之间可以互相帮助。这是老师运用科技力量使课堂变得更加个性化。

为了将视频再提高一个水平，萨尔曼·可汗学院做了一个框架——对所有视频，汇编出足够的题型，直到学习者弄明白这个概念，也就是直到学习者拿到10分为止。当学习者不知道怎样做的时候，他还会得到提示帮助解决问题。这个"满10分晋级"的模式类似于学生喜欢的通关游戏，当确定学生精通后就可以学习下一个级别的内容。不同的是学习者无须用金钱去买装备，只需用智力投入，对所学内容融会贯通就可进入下一阶段学习。

【点评】可汗学院是为远程教学服务的，当这些微课走进课堂后，其应用的方法和性质都发生了变化:传统主导的课堂教学变成一种全新的以学生问题为导向的翻转课堂,学生在家自由学习,在学习过程中学生有选择权、重新播放权,这种以我为主的全新学习方式让学生成为学习的主人。课堂上,教师根据学情同学生一起讨论问题,教师成为问题解决的引领者,使学习更具人性化。"满10分晋级"模式的创建,把学生当下愿意参加的游戏方法引到学习之中,晋级及装备就是学生自我学习后的能力提升。同游戏不同之处在于,游戏只有过关才能升级,而翻转课堂的学习,若学生某一部分不过关,可以翻转或跳跃过去后再学习,这就是微课碎片化学习的特点。同我们日常生活中解决某些问题相似,也许我不知道过去发生过什么,也不能预知未来会发生什么,但我知道现在需要解决什么,有什么收获。同物理时空不同的是,在网络空间曾经放弃过的东西或知识,可以随时重新学习。

【案例3】可汗学院式微课《角的定义》个案分析①

在"角的定义"部分,可汗通过从 A 点出发依次画出 AB、AC 2 条射线,图示解说这 2 条射线有同一个顶点 A,定义具有公共端点的 2 条射线形成的图形为角,总结角的共性是点 A 是射线 AB 和射线 AC 的端点,还是角的顶点。为了引出"角的标记"部分,可汗运用了过渡句和设问:"接下来的问题就是怎样标记一个角(第 1 个设问)?"在"角的标记"时,可汗分析了用一个字母标记不清楚角的原因,引出能标记角的符号"∠",并同小于号"<"进行比较。可汗利用角的符号将角 A 正确地标记为 $\angle BAC$ 或者 $\angle CAB$。为了解释为什么要用 3 个字母表示一个角的问题,可汗设问:"你为什么要费那么大劲把 3 个字母都写出来,就叫它 $\angle A$ 不行吗?"(第 2 个设问)设问巧妙地创设了疑点和认知冲突,促使学习者从被动的听讲者、旁观者转变为思考者、探究者。接着,可汗画出线段 DE、FG 2 条线段相交于点 H,运用设问创设问题情境:"现在的问题是我们怎么命名这个角,就叫它 $\angle H$?"(第 3 个设问)可汗通过图示、标注和举例的方式,详细解释了为什么非要用 3 个字母表示一个角,并列举了 $\angle EHG$、$\angle GHE$ 等 10 个用 3 个字母正确表示一个角的例子。为了引出"角的测量"部分,可汗运用过渡句和设疑教学法:"我们学到了角的定义以及角的标记方法。接下来你会产生疑问,因为似乎并不是所有的角都是相同的,有些角看上去比其他角开口更大,有些角看上去比其他角要小,这也正是我要说明的。"简洁、自然、流畅地引导学习者进入"角的测量"部分的学习。接着,可汗依次画出 $\angle BAC$ 和 $\angle XYZ$,引导学习者比较这 2 个角哪个开口更大,哪个开口更小。最后,可汗指出,测量一个角实际上是测量它开口的大小,测量角的方法就是测量这个角开口的大小,由此顺利引出下一节的学习内容(如何测量一个角)。

【点评】《角的定义》是可汗学院《几何学——角》40 个系列微课中的第 1 个,对于后

---

① 郑小军.可汗学院式微课个案研究及其微课开发启示——以《角的定义》为例[J].中国教育信息化,2017(20):15-18.

续学习至关重要。微课包括角的定义、角的标记、角的测量3个部分。其中,"角的定义""角的标记"是本微课学习的重难点;"为什么要用3个字母表示一个角"是学习疑点、认知障碍点,也是易错点;角的标记符号"∠"容易与小于号"＜"混淆,是易混淆点和易错点;"角的测量"虽然不是本次微课学习的重点和难点,但属于必要的扩展内容,同时可以引出下一个学习主题(如何测量角)。除去6秒的片头,微课用时6分50秒,各部分时间分布大致如下:"角的定义"约1分30秒,占总时长的22%;"角的标记"约3分30秒,占总时长的51%;"角的测量"约1分50秒,占总时长的27%。微课面向初学者进行了有针对性的教学设计,既包括了学习重点和难点,又涵盖了学习疑点、认知障碍点、易错点、易混淆点和扩展点。整个微课虽然只有短短的不到7分钟,但内容充实,聚焦重点、难点、疑点、易错点、易混淆点,结构相对完整,并且首尾呼应、思路清晰、自然流畅、一气呵成,教学用时安排合理,详略得当。

第 2 章 微课设计与制作方法

2.1 微课的基本资源构成

在互联网时代,教师在海量教育资源中很难精准找到所需的课堂教学资源,在教育资源过度开发的同时,教师也存在资源无效开发和过度使用,这给教学带来的是成绩零增长或负增长。教学资源"边际效应递减"理论认为,决定资源应用的效益不在于其数量的多寡、容量的大小、类型的多样,而在于能否实现最大效度的实用性,即能否满足用户的"适需使用、适时使用、适量使用"需求。[①] "适用、实用、易用"是教育信息资源建设的三大原则。

2.1.1 教学资源的现状与困惑

(1) 信息海洋中的资源饥渴

当下从网络上可以找到大量的教育教学资源,这些资源来自教育科研部门、教育信息中心、教育教学机构或学校、各类网校及教育相关部门、QQ 群、微信群、快手、抖音、网络社区等,教育资源信息之大、内容之丰富是前所未有的。对于这些资源,一线教师普遍感到真正适用、实用、好用的优质教学资源依然匮乏,以至于发出"我们每天都生活在信息的海洋中,却无时无刻不在忍受着知识缺乏的饥渴"的感叹。原因何在?如何破解区域资源建设和应用难题?这是一个引人深思的命题。[②]

(2) 丰富教学资源中的孤岛

教育资源建设普遍存在只关注资源的大而全的建设,却忽略具体资源应用在具体课堂教学中的应用,使资源建设与应用相脱节。在我国,信息技术人员和工程人员虽不懂教育,但却成为教育资源建设的主力军,掌握着各类网络教育资源上传、下载和发布的大权。在资源开发模式从规划、设计、制作到使用、交流、评价等环节,一线教师只是看客,他们对教学的诉求得不到满足,从而造成了网络教育资源的浪费。另外,教育对教学资源的需求也不明确,传统的教学资源大多以课时为单位开发,其素材有课件、教学设计、

[①] 胡小勇,詹斌,胡铁生.区域教育信息资源建设现状与发展策略研究[J].中国电化教育,2007(6):56-61.

[②] 胡铁生.微课:区域教育信息资源发展的新趋势[J].电化教育研究,2011(10):61-65.

各类命题、课堂教学实录等,如课例视频的时间都是在 40~45 分钟,一线教师很难有时间完整地看这些视频;大量资源主题和特色不够突出,使用不方便。许多资源(库)一旦建成几乎没有更新或优化过,许多教学素材库、课件库、教案库、课例库、题库等各资源库大多呈孤立松散、互不关联、相对独立的"孤岛"状态,难以达到资源建设为教学服务的目的和产生资源聚集的规模化效益。

2.1.2 教学资源库建设与整合

(1)教学资源库的建设

中小学教学资源的开发和利用,只有深入课堂教学层面,在既能满足教师的常态教学资源需求,又能不断动态生成新的课程资源的时候,教学资源建设才能从肤浅走向深刻,教学资源丰富内涵才能够真正体现出来。① 面对海量的教学资源,学校教师要做到以下几点:

1)建立网络资源库:教学资源建设要坚持开放、动态的建设观,将教师和学生、教学活动和教学过程资源纳入校园网教学资源的建设之中,实现资源建设,存放已开发好的资源、课件、试题、案例、论文、文献。

2)不断充实和更新网络资源库:教师和学生将自己的教学经验和学习过程充实到资源库中,做好资源库的不断更新,建设具有校本特色的、个性化的、动态的校园网资源。

3)做好资源的分类整合与存放:学校要将全校教师的课件、教学设计、教案、教学反思、学术论文、优质课实录等收集起来,按学科、年级分门别类地添加到学校资源库之中,并选拔其中的优秀作品上报到县区教育信息资源中心。

4)建设国家、省、地市、县(区)四级教育资源中心,收集资源,实现终身教育教学资源共享。现代远程终身教育教学资源库要采取分布式建设、集中管理的方式,建立县区教学资源库,实现区域教育资源高度共享,及时、准确、可靠地收集、处理、存储、传输各级教育技术部门和学校的教育教学资源。这是多媒体教学资源能够有效整合与共享的一个重要举措。②

(2)教育教学资源整合原则

1)标准化原则。要加强导航、检索功能设计,制作中所用标识、符号要规范,应符合技术和国家出版标准,以便于推广应用。

2)易操作的原则。教育资源课件的设计能用简单的手段表现清楚的内容,操作步骤不要太繁琐,可以在网上直接浏览,也可以下载使用。

3)模块化的原则。在制作多媒体教学课件时,要把它作为一个系统工程来对待,统

---

① 吴刚平.深入研究教学过程中动态生成的课程资源[J].福建论坛(社科教育版),2006(6):4-5.
② 许文豹,许俊秀,许治国.终身教育教学资源的收集、制作与整合探讨[J].中国科教创新导刊,2009(28):20-21.

筹计划,整体考虑。

4)小型化的原则。在制作多媒体教学课件时,对课件的容量要加以规定,使每个课件都不超过规定的大小。

5)网络化的原则。网络多媒体教学课件要最大限度地为学员提供学习的空间,利于学生拓展知识面;各教学科目之间要进行链接,使学员能够在多学科之间自由转换,提高综合运用多学科知识分析问题、解决问题的能力。

6)智能化的原则。能够动态生成适合个性化教学的内容与策略,向学员提出学习方法及学习内容的建议,向教师提供教学重点、教学方式、测试重点、测试方式、测试题型的建议等。

2.1.3 微课的教学资源类型[①]

微课作为一种有别于传统教学的资源,具有多元化、易保存和传播的特色,师生可以流畅地在线观看、查看教案、课件和教师点评信息,也可灵活地在各种移动终端设备(如手提电脑、手机、MP4等)广泛地收集和使用微课资源,是促进教师成长和提高教学成绩的有效方法。

(1)以教学视频为核心的课堂教学资源

微课以课堂教学视频为核心,统一整理了课堂教学设计、教案(或学案)、教学和课件、教学反思、学生反馈评价及学科教师互动点评等资源,共同构成了一个主题鲜明的单元资源包,营造了一个与具体教学活动紧密结合、真实情景化的微教学资源环境。

(2)短小精悍,用途广泛

微课的视频时间较短,一般时长为5~8分钟(最长不超过12分钟),符合视觉驻留规律和中小学生的认知特点;微课的资源容量较小,视频模式一般为支持网络在线播放的流媒体格式(如rm、wmv、flv等),与教学主题配套的教学设计(微教案、任务清单、视频脚本)、教学课件、教学反思及专家点评等资源也有许多。

(3)半结构化,易于扩充

微课既不是多种类型资源的简单堆砌,也不同于以往的教学资源包概念,它是以网页的方式将某个知识点或与教学主题相关的教学资源进行结构化组合,并将教学资源与教学任务、教学活动、教学环境之间建立有意义的关联,形成一个主题突出、资源有序、内容完整的结构化资源应用环境。微课同时还具有半结构化框架的开放性优点,具有很强的生成性和动态性,其中的资源要素(包括微课视频、教学设计、素材课件、教学反思、教师点评等)都可以修改,让学生自主生成,并随着教学需求和资源应用环境的变化不断生长和充实,进行动态更新。

[①] 岑健林,胡铁生.微课:数字化教学资源新形式[J].教育信息技术,2013(4):19-21.

(4) 交互性强，使用方便

由于微课是以结构化网页的方式汇聚和整合各种常用教学资源在一个页面上，资源的呈现、布局一目了然，没有多层级目录繁杂的操作，便于用户直接选择自己感兴趣的资源进行学习交流：可先看微课视频；也可先查看教师的教学设计，了解其课型和设计特点；还可以一边观看微课视频，一边进行记录点评或在线测试，各种资源都支持在线浏览（如视频可在线播放，全屏/半屏切换，随时暂停、快进倒退、下载保存；课件、教案可在线观看，也可下载编辑修改；既可自己点评和反思，也可对别人的反思和点评进行引用和再点）。

2.2 微课的分类与教学方法

随着流媒体技术的发展，视频网站的兴起，智能手机、手持移动数码产品的普及，制作成本低、周期短、播放时长短的微视频、微电影，使人人都成为生活的导演。当下，微信取代了短信，其小程序的广泛开发使之成为人们生活中不可缺失的工具，抖音、快手等微视频让草根民众成为媒介的创造者和传播者。在教育领域，学习者的学习方式正在悄然发生改变，他们可以在任何时候、任何地点选择自己需要的任何内容来学习，传统的教学方式和原有的教学资源已远远不能满足学习者的要求。微课教学模式在改变学习者学习方式的同时，已经渗透到课堂教学中并成为一种新的教学方式。

2.2.1 微课在教学中应用的误区[①]

(1) 对技术和形式过度追求

一是个别学校或教师重金聘请专业团队来拍摄视频和动画设计公司的微视频加大了微课的制作成本，偏离了微课的课程内涵，形成专业技术支撑的花瓶式微课。二是微课视频的制作软件学习难。如当前视频的录制编辑、音频的加工处理、动画合成等技术，无论是爱剪辑、剪辑师、快剪辑、绘声绘影、QQ影音、Flash、Camtasia_Studio等，还是专用微课 APP，制作难度相对较大，是困扰普及和推广微课制作的难题之一。三是把微课变成课中有课。有制作团队开发了微课套用模板，形成大课堂套小课堂的微课模式，出现了重比赛轻运用的比赛型微课。四是过度关注微课的后期制作。很多微课制作和应用平台非常注重技术，如教师制作微课视频的格式和大小，观看视频的同时还能同步看到PPT课件或重、难点的动画展示等功能的实现。[②] 五是过多关注微课后期制作的微课课堂，使课堂成了不断修改后的微课，少了真实感和操作的可能性，依旧是教师的独角戏——中看不中用的微课。

---

① 白婷婷，邓小华. 从"媒体中心"到"活动中心"：我国微课资源开发的演进逻辑[J]. 中国教育信息化，2021(1)：19-22.

② 张华武. 高校微课资源建设和使用绩效现状调查研究——以宿迁学院为例[J]. 中国教育技术装备，2018(6)：20-22.

(2)把微课变成微讲课①

许多教师只关注内容选择和信息呈现的讲授型微课形式,"试图通过对单个知识点的设计开发,实现学科知识序列化、结构化和完整性的学习,让学习者能够有针对性地对学科知识点查缺补漏"。② 在微课发展过程中,过度强化了"确定微课的教学主题"或"细化微课知识点的选择",过于重视教学内容的选择是否更加合理,忽视了通过微课讲解的知识点是否有益于学生的理解,所选择的重难点是否真正适合学生,是否满足了学生的学习需要。这种微课缺乏师生深度互动,依旧改变不了传统教学中教师一言堂的现象。

(3)把微课变成讲解演示工具

在微课的设计中,教师过于关注微课内容呈现的科学性、精炼性、整体性、代表性等原则,把微课的功能定位在增强教学内容的呈现效果上。依据以上原则设计出来的微课成为辅助教师"讲解演示"的工具,没有成为教师组织管理课堂的有效形式。并且在这个过程中,教师的主要信息化教学行为以多媒体教学内容呈现和演示为主,即教师形成了以微课代替自己讲解知识点的习惯,致使教师过于依赖多媒体课件或微课视频。这种形式的微课不利于教学活动中的师生互动,弱化了教师在教学活动中应起到的引导能动作用,不符合现代信息化课堂所秉持的"学生主体,教师主导"的双主课堂理念。

参考国外可汗学院的微视频形式,他们基本都是录屏式视频,电脑屏幕上呈现所有的教学内容和学习内容,主讲教师选择不出镜,只在幕后进行旁白和讲解,讲解节奏得当、语言幽默。③ 实践表明,这种看上去并没有多少技术含量、相对简单的教学环境更有利于学生集中注意力,让学生更多关注知识内容的讲授。简单去繁的微课形式能够将教师内在的传播力,如教学风格、教学经验这些尤为珍贵的教学资源呈现在课堂中,使微课的应用效果可以达到预想目标。微课技术运用或呈现形式不应当成为微课好坏的评判标准。

2.2.2 在教学中应用微课的分类

(1)按课堂教学内容分类

微课可分为课前新课教学类、复习类、新课导入类、知识理解类、练习巩固类、试题讲解类、实验演示类、小结拓展类等,其他与教育教学相关的微课类型有说课类、班会课类、实践课类、活动类等。

(2)按照课堂教学方法分类

教学方法是教师和学生为了实现共同的教学目标,完成共同的教学任务,在教学过

---

① 白婷婷,邓小华.从"媒体中心"到"活动中心":我国微课资源开发的演进逻辑[J].中国教育信息化,2021(01):19-22.
② 王蕾,李俊.微课在教育领域的研究:回顾与反思——基于内容分析视角的现状和趋势分析[J].现代教育技术,2015(6):83-88.
③ 胡铁生.中小学微课建设与应用难点问题透析[J].中小学信息技术教育,2013(4):15-18.

程中运用的方式与手段的总称。根据李秉德教授对我国中小学教学活动中常用的教学方法的分类总结①,将微课按教学方法划分为 11 类,分别为讲授类、问答类、启发类、讨论类、演示类、练习类、实验类、表演类、自主学习类、合作学习类、探究学习类。一个微课一般使用 1 种教学方法,有时也可使用多种教学方法,如提问与讲授结合,问答与实验结合,练习与实验结合等。也就是说,从教学方法的应用来看,一个微课有可能是多种教学方法的融合体。

微课的分类及适用范围②

分类依据	教学方法	微课类型	适用范围
以语言传递信息为主的方法	讲授法	讲授类	教师运用口头语言向学生传授知识,是中小学最常见、最主要的类型
	谈话法	问答类	用师生问答的教学问题,通过问答的形式引导学生获取或巩固检查知识
	启发法	启发类	从学生的实际出发,采用多种方式,以启发学生的思维为核心,调动学生的学习主动性和积极性,促使他们生动活泼地学习
	讨论法	讨论类	适用于在教师指导下,由全班或小组围绕某一中心问题,通过发表各自意见和看法,共同研讨,相互启发,集思广益地进行学习
以直接感知为主的方法	演示法	演示类	把实物或直观教具展示给学生看,或者做示范性的实验,或通过现代教学手段,通过实际观察获得感性知识以说明和印证所传授知识
以实际训练为主的方法	练习法	练习类	学生在教师的指导下,依靠自觉的控制和校正,反复地完成一定动作或活动方式,借以形成技能、技巧或行为习惯
	实验法	实验类	学生在教师的指导下,使用一定的设备和材料,通过控制条件的操作过程,引起实验对象的某些变化,从观察这些现象的变化中获取新知识或验证知识

---

① 李秉德. 教学论[M]. 北京:人民教育出版社,2001.
② 胡铁生. 微课:区域教育信息资源发展的新趋势[J]. 电化教育研究,2011(10):61-65.

续表

分类依据	教学方法	微课类型	适用范围
以欣赏活动为主的方法	表演法	表演类	在教师的引导下,组织学生对教学内容进行戏剧化的模仿表演和再现,一般分为教师的示范表演和学生的自我表演2种
以引导探究为主的方法	自主学习法	自主学习类	以学生作为学习的主体,通过学生独立的分析、探索、实践、质疑、创造等方法来实现学习目标
	合作学习法	合作学习类	通过小组或团队的形式组织学生进行学习的策略
	探究学习法	探究学习类	学生根据自己的猜想或假设,运用科学的方法对问题进行研究,在研究过程中获得创新实践能力、获得思维发展,自主构建知识体系的学习方式

(3) 微课资源的类型

微课主要是为了解决课堂教学中某个学科知识点,如教学中重点、难点、疑点内容的教学,或是反映课堂某个教学环节、教学主题、教与学的活动。微课的教学目标相对单一,教学内容更加精简,教学主题更加突出,教学指向更加明确,其设计与制作都是围绕某个教学主题展开。微课的主要形式有:

1) 摄制型微课。对教学视频剪辑的微课能全面反映课堂的教学情景,但容量偏大,干扰或无关信息多,不适合学生自主学习,适合教师的观摩学习和反思研究。

2) 录屏型微课。通过录屏型软件主要录制屏幕上的教学内容和过程操作。可汗学院的视频就是这种方式。这种微课的主要优点是以教学内容呈现为主,重点突出,主线清晰,减少或没有无关信息的干扰,非常适合学生的自主学习。

3) 软件合成式微课。运用图像、动画或视频制作软件,通过脚本设计、技术合成后输出的教学视频短片。这种类型的微课非常适合数字故事和数字微课的制作,可以有效整合拍摄式和录屏式微课视频,具有二者的优点。

4) 混合式微课。应用上述提及的多种方式制作、编辑、合成的教学视频。值得注意的是,获取的这些视频素材都要经过一定的后期编辑制作加工后才可发布。[①]

2.2.3 微课在教学中的应用方法

(1) 微课在教学应用中应遵循的三定律[②]

---

① 岑健林,胡铁生. 微课:数字化教学资源新形式[J]. 教育信息技术,2013(4):19-21.
② 许力,杨健,华子荀. 教育信息化2.0背景下微课发展趋势研究——基于全国18129篇相关文献的统计分析[J]. 中国教育信息化,2020(17):5-10.

若要微课在学与教的实践中有成效,就要坚持"以学定教,以学评教,以学助教",遵循教育规律。为此,岑健林教授提出微课的三定律:第一定律是"学习主线"。以学习为主线是为了解放学生、发展学生,不唯师,只唯学,不唯教,只唯学,最终实现个性化学习。第二定律是"学生主体"。学生是教育的主体,不放弃每个学生,让每个学生都成为最好的自我,实现差异化教学。第三定律是"内容主导"。微课将信息数据转化成图形、图像或动画等新媒体,将抽象原理与事物具体化、复杂问题与过程简单化,以可视化的形式呈现给学习者,降低学习者的认识成本与学习负担。微课的三大定律是检验微课是否有成效的关键,在未来的微课制作与应用中将发挥越来越重要的作用。

(2) 微课在课堂教学中的运用策略[①]

1) 利用微课优化学生的预习形式。课前预习要求学生进行自主探究和学习,要基于教学主题科学选择教学内容;同时,制作微课要利用网络设备搜寻与教学主题存在密切联系的相关素材,对其进行科学整理和剪辑,制作微视频,引导学生基于视频进行课前预习。将微课模式融入学生的预习环节,借助一些简短的视频形式进行预习,可以在一定程度上优化学生的预习形式,提高学生的预习效果。教师可提前布置好预习作业,即让学生在班级里观看微课视频,了解相关的知识和规律,带着问题看微课,通过微课的学习找到解决问题的方法和答案,优化学生的预习形式,从而提高学生的自主学习能力,提高物理课堂教学效果。

2) 在理科的实验教学过程中,可通过微课与实验的有效结合解读相关的概念、规律和实验问题,通过具体的实验能够促使学生真正理解和掌握学科知识。有些实验在教学过程中会受到时间和空间的限制,学生难以掌握好实验中的各项问题。针对此问题,教师可以将实验的具体步骤用微视频详细记录下来,并通过微视频中的缩放功能演示实验过程中的关键步骤和操作。在学生对实验的具体过程充分了解之后,再鼓励学生去动手进行实验操作。教师可以在课堂上向学生解读具体的实验原理,并播放相关的微视频,让学生在视频中了解与实验相关的仪器和具体的连接步骤,再给学生播放自己事先录制好的实验步骤视频,并在学生观看时,边暂停边对学生进行细节讲解和互动。针对学生观看视频时提出的问题,帮助学生顺利进行实验,更好地理解与实验相关的学科知识。

3) 针对学生的薄弱项,促进微课对知识点的结合。微课模式能够有效帮助学生了解所学内容的知识点,微课本身独特的优势能够将一些抽象的、学生难以理解的知识点形象化、直观化,微课中的图像、视频和图片等内容能够有效帮助学生对这些具体的知识点形成立体的印象,从而更好地吸收和内化所学知识。通过微课,教师能够将教学中一些比较抽象的概念变得更形象、具体,从而促使学生发散思维,加强学生对物理知识的思

---

① 王阳.微课模式在初中物理课堂教学中的运用[J].知识文库,2020(14):146-147.

考;有效整合教材内容,构建微课应用平台。微课在课堂上的应用要与教学活动相结合,进而提高教学效果,需要教师设计微课时,对教材内容进行整合,明确本节课所教学的重点与难点,围绕学生实际学情精心设计教学内容,从而实现微课与物理教材内容的有效衔接。学生的需求是不同的,教师在设计微课时要综合考虑学生的个体差异性。

4)针对教学重难点应用,微课教学不仅要能够实现对教材重难点内容的讲解,促使学生掌握教学重点,也要能够有效激发学生学习的热情,调动学生参与课堂的积极性和主动性,从而切实提高课堂教学质量。通常情况下,学生的理解能力和学习能力具有一定的局限性,很难确保在短时间内深入理解教材内容。在制作微视频时,需要科学应用多种方式,突出课堂重难点,基于学生认知水平和理解能力分析讲解具体问题;要利用教学情境和现代信息技术对学生进行科学引导,确保学生能够深入学习相关知识点,以此为基础,梳理相关知识点,进行微视频的科学制定,确保其具体性和直观性;要系统归纳和总结相关知识点,引导学生学习和巩固课堂知识点。[①]

在实际教学中,不必强制要求学生观看每个微课视频,只针对自己掌握不牢固的内容反复观看即可,这样能够有效避免微课利用率低的情况。教师可以利用互联网为学生构建一个微课平台,将本学期使用到的微课视频上传到微课平台上,学生注册一个自己的账号,在客户端登录平台,根据自己要巩固的知识点有针对性地选择某个视频进行观看。教师可通过查阅后台记录,观察每个学生的登录次数和观看时长等情况,有了数据的支持,更方便教师了解学生使用微课的具体情况。

2.3 微课的教学设计策略

微课设计的科学性、实用性决定其在教学中能否有效应用。微课的科学设计和制作具有极其重要的现实意义,是保证微课在教学中应用和推广的重要保障。在教学中设计和制作微课时,教学内容选取对教学效果具有极其重要的影响。

2.3.1 微课的设计与制作原则

(1)微课内容的选择

制作微课前要慎重选择知识点。在进行知识点选择时,需要保障教学考点、难点和重点,同时还需要细化知识点,基于特定逻辑关系,将教学中的相关知识点分割成多个小的知识点,避免教学时间过长。在具体选择知识点时,还需要确保其图片、文字、语言的正确性,避免知识性错误。在完成知识点选择之后,还需要对其进行科学处理和深入分析,使其能够高度满足教学需求,确保学生能够进一步掌握相关知识点,实现学习效果的有效提升。

---

① 李建叶.初中物理微课设计制作与应用的研究[J].考试与评价,2020(9):9.

(2) 微课设计原则

首先,必须确保满足微学习需求。在对学科进行设计和制作微课时,必须确保满足学生学习要求,合理应用碎片化教学模式,将微课程时间控制在 5~8 分钟。其次,需要确保满足学科需求。通常情况下,课程应具有一定的难度系数,同时,对于理、化、生实验性强的学科,在具体进行微课设计时,教师需要基于学科特点科学选择和制作知识点,确保能够高度满足实验和教学需求。最后,必须确保满足学生学习特点。在设计和制作微课时,需要与学生年龄特点充分结合,确保微视频的趣味性和亲和力,同时还需要保障 PPT 画面具有较强的吸引力;在设计和制作微课时,需要与学生学习特点有效结合,以学生为中心进行教学情境科学设计,确保微课学习模式的合理性。

(3) 微课制作步骤

1) 选题。需要选择具体教学环节,教学重难点或某个知识点。

2) 编写。教学设计、任务清单和选择的具体内容和题目,严格基于教案模板编写。

3) 课件设计。基于教案和题目进行课件设计,通常情况下,选择使用 PPT 进行设计。

4) 编写微课脚本。为了教学实施和拍摄,在完成所有准备工作之后,需要拍摄和剪修视频,确保能够有效突出知识点,对时间进行严格控制。

5) 教学反思。针对拍摄的微课内容,有效实施教学反思,确保其完善性,避免存在漏洞。

2.3.2 微课资源构成与交互性[①]

(1) 标题要有吸引力

用户是否学习微课从标题来判断:微课标题让人眼前一亮,先声夺人,能吸引学习者的好奇心与求知欲。微课标题应短小精准,简明扼要;反映的内容主题要小,文字要精练,概括性要好;教学目标与适用对象等定位要准。标题名称要有新意和特色,能表现主题或特点,能激发学生的兴趣或体现目标愿景及方法比较等。微课标题的表述方式尽量多样化,除了最常见的陈述句式外,可以适当采用疑问句,让学生产生好奇心,激发其求知欲。微课标题要做到准确表达、就实避虚,浓缩精华、抓住要点,生动传神、抓住视线。

(2) 资源构成须完整

微课不等于微视频,也不同于课例片段,更不是浓缩课。微课是一个简短而又相对完整的教与学活动的多种资源有机构成的整体,主要以微视频为核心载体,还包括与微课主题配套的辅助学习资源,如微课学习指南(任务单)、微教案、微课件、微练习(思考题)等,我们可以形象地称之为微课构成的"非常 4+1"。这 5 部分资源构成一个相对完

---

① 胡铁生. 微课设计的六种实用技巧[J]. 中国信息技术教育,2017(23).

整的微课。因此，微课设计不仅要制作好微课教学视频，还要设计好教师开展微课教学的"微教案""微课件""微练习"等资源，以及学生利用微课进行高效学习的"微课学习指南"（任务单）。这5部分资源把微课的建设环节与应用环节有机联系起来，既提升了微课开发的品质，又促进了学生利用微课进行学习。

（3）交互设计是关键

微课教与学的"时空分离"是微课设计与应用的一大特色，即"教"的环节一般由教师提前录制成微课，"学"的环节由学生在课前、课后等碎片化时间自主选择、个性化学习。学生对微课的学习更多只是依赖视频的单向播放，缺少必要的教学互动环节，学习氛围不佳，容易导致微课学习流于形式化和浅层化。因此，微课教学的交互设计显得非常重要。

微课的交互实现的途径通常有"显性交互"（如在微课视频后期，通过技术手段增加微课的暂停、跳转、测试等功能按钮，让学生自主选择教学内容）和"隐性交互"（即教师设计一些有特色的教学活动来实现微课隐性交互）2种，微课虽短，时间有限，但仍具有一定的教学环节，只是各环节有详有略，教学结构仍然要相对完整。

如在"能量转化与守恒定律"微课与实验教学应用时，在教学开始，教师播放一个人在慢慢排列如图2-1所示的一排木板。教师问："如果让这些木板都倒下，你会怎么做？"当学生说出许多想法后，教师继续播放视频"四两拨千斤"的多米诺骨牌，问："你能从力的平衡角度解释为什么所有的骨牌都会倒下吗？"学生回答后，教师接着问："你能从能量转化的角度解释以上现象吗？"接着拿来小型塑料电风扇，其中风扇插头的2个接线柱和发光二极管连接在一起，另有一个电吹风。教师问："谁能在不接电源的情况下让二极光发光？"经过思考，学生用电吹风吹塑料风扇的叶片，叶片转动，结果二极管发光。教师问："你们能解释整个过程是如何转化的吗？"讨论结束后，如图2-2所示，教师播放用电吹风吹风扇让二极管发光的视频及能量转化原理的微课。在以上案例中有微课视频的播放和问题互动，也有真实的实验展示与讨论，还有微课视频对物理现象的再度展示和原理的播放，通过问题、视频、实验、解读的多元互动过程，让学生在观察、思考、讨论、交流和展示中提升学科能力，掌握解决问题的方法。

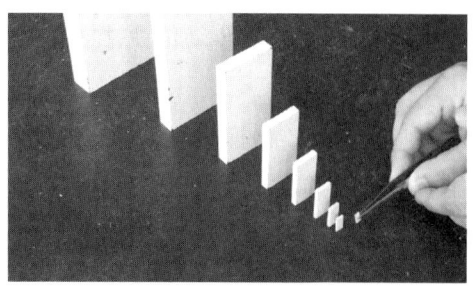

图2-1

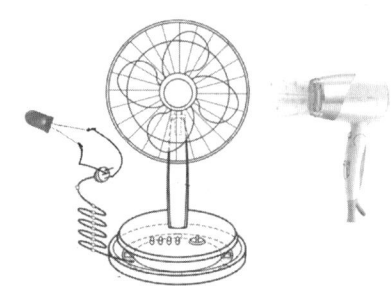

图2-2

2.3.3 微课的一对一感觉[①]

(1) 微课情境创设

1) 微课的教学情境要简短,一般就是几十秒,最多2分钟。

2) 微课情境要与主题紧密相关,能说明问题,起到画龙点睛的作用。

3) 微课情境类型尽量多样化,可以是故事、案例、问题、动画、科学、人文和活动等。

4) 情境要有一定的新颖性与趣味性,让学生产生好奇心。

5) 情境出现时机要灵活,要根据教学需要灵活创设,不应仅在导入环节出现。

(2) 微课一对一的感觉

实践证明"一对一"的辅导效果最好。微课不同于班级课堂教学,微课的简短性、多样性、层次性与"因材施教""有教无类"的教学理念非常吻合,要能精准服务每个学生。

1) 微课教学语言表达方式要"一对一"。微课教学语言要区别于班级课堂"一对多"的大众教学语言,要体现个性化学习氛围,不宜出现"大家好""同学们好",应转变成"小伙伴好""同学你好"等个性化亲切的语言。

2) 语速要适当偏快些。微课要在较短的时间内(一般在10分钟内)讲清讲透一个重要的内容,教学语言必须偏快些。相关研究也表明,语言节奏偏快的教师,往往音量较高、感情饱满,可以引起学生注意,学生愿意随着教师的讲解提示,分析演示学习内容并进行同步的互动思考。因此,语速偏快的微课可以在一定程度上弥补"教师不出镜"类型微课学习氛围不好的缺点。

3) 时间分配要精确。除了总体时间必须控制外,微课各个教学环节的时间分配也要精细规划、科学合理。

教师要学会将微课教学设计(教案)改造成微课录制的脚本,对教学环节、内容、活动等进行精确的时间控制;正式录制微课前,要多次练习、反复演练,务求教学过程主线清晰、语言精练、详略得当、环节完整;对微课视频进行必要的后期编辑,剪辑多余的空白时间和讲错的教学环节,让视频更精简。

(3) 在线微课

在线微课是趋势。我国当前的微课更多的是离散碎片化的"线下微课",制成的微课多放在电脑硬盘、U盘或网盘文件中,偶尔应用于课堂辅助教学或课前预习,微课的共享易用性体现不够。在移动互联网时代,应该将这些"线下微课"资源重新整合、优化设计、改造利用(如以一定的逻辑结构和组织方式发布在微课网络平台、移动APP、微信版微课),供用户在线访问、浏览、观看、练习、评论、反馈,营造完整的微课学习生态环境,形成应用面更广的"在线微课"。

[①] 胡铁生. 微课设计的六种实用技巧[J]. 中国信息技术教育,2017(23).

2.3.4　微课设计和应用的特点[①]

(1) 主题突出,指向明确

微课主要是为了解决课堂教学中某个学科知识点(如教学中重点、难点、疑点内容)教学,或是反映课堂某个教学环节、教学主题的教与学活动,相对于传统课堂要完成的复杂众多的教学内容、达成多个教学目标而言,微课的教学目标单一,教学内容精炼,教学主题突出,教学指向明确,其设计与制作都是围绕某个教学主题展开的。

(2) 资源多样,情境真实

微课以课堂教学视频为核心,并涵盖了教学设计、教学素材和课件、教学反思、学生反馈评价及学科教师互动点评等多种资源,它们共同构成一个主题鲜明、类型多样、结构紧凑的单元资源包,营造了一个与具体教学活动紧密结合、真实情境化的微教学资源环境。教师和学生在这种具体的、典型案例化的教与学情境中能达到"隐性知识""默会知识"等高阶思维能力的培养,并实现教学观念、技能、风格的模仿、迁移和提升,从而快速提高教师的课堂教学水平、促进教师的专业成长,也有助于提升学生的学习兴趣和学习成绩。

(3) 短小精悍,使用方便

微课视频的时间较短,一般为 5~8 分钟(最长不宜超过 10 分钟),因而更符合视觉驻留规律和中小学生的认知特点。微课的资源容量较小,其视频格式一般为支持网络在线播放的流媒体格式,加上与教学主题配套的微教案、微课件、教学反思及专家点评等资源也只有几十兆,用户既可以流畅地在线观看微课课例,查看教案课件和教师点评信息,非常适合教师的课例观摩、评课、反思和研究,也可灵活方便地将其下载保存到各种多媒体数码终端设备(如笔记本电脑、手机、MP4 等)上,实现移动远程听课和个性化学习。

(4) 半结构化,易于扩充

微课还具有半结构化框架的开放性优点,具有很强的生成性和动态性。其中的资源要素,如微课视频、教学设计、素材课件、教学反思、教师点评等都可以修改、扩展和生成,并随着教学需求和资源应用环境的变化而不断地生长和充实,进行动态更新。

2.4　微广播课录制的实践活动

"学物理,你很好"微广播课是由广东省名师工作室主持人周兆富老师提出并实施的一项公益性活动。工作室主持人周兆富和成员刘小丰、符方阳、陈如兵、陈弘皓、吴嘉乐等20多名教师积极参与了微广播课的设计与录制工作。2020年3月,微广播课"学物理,你很好""学科学,你很好"分别在人民教育出版社、教育科学出版社官网、微信公众号

[①] 胡铁生.微课:区域教育信息资源发展的新趋势[J].电化教育研究,2011(10):61-65.

及佛山教育局官网上同步上线。

2.4.1 微广播课录制的目的与原则

受新冠疫情影响,全球大规模线上课堂被教师长时间的讲授和课件霸占,学生的主体地位往往被忽视,学生的听觉和视觉被牢牢地困在电脑或手机屏幕上,视觉和听觉疲劳的双重打击让学习效果大打折扣,线上教学呼唤能让学生轻松学习的方式。

(1)微广播课录制的目的

①提供以听为主的学习方式,创建缓解线上学习视觉疲劳的有效途径;②用问题引领思维,通过师生对话让学生自主生成知识,提升学科素养;③对经济欠发达地区师生提供公益性服务,降低应用新媒体学习成本。

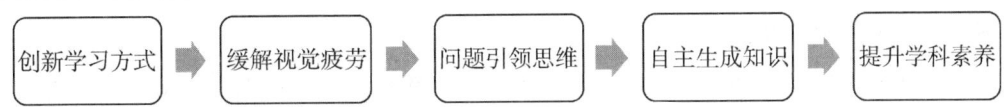

(2)微广播课的理念

微广播课突出"问题引领,让学生在聆听与思考中学习"的设计理念,通过"讲故事、提问题、引思维、说知识、提素质"的方法,用声音、用听觉让学生走进神奇的学习世界。

微广播课是为线下与线上课堂服务的辅助学习方式,它把一节课分解成若干个小片段,用3分钟左右时间解决1个或多个小问题。各问题间具有独立性和相关性。通过趣味化、情景化、碎片化,问题式、交互式、体验式的方法,让学生开展自主灵活的个性化学习。

(3)微广播课的录制原则

1)科学性原则:为学生线上学习提供科学的方法。根据网上学习特点和学生认识规律,科学设置学习内容,提出问题,有效提升学科素养。

2)实用性原则:按教学进度和学科教学特点,合理安排教学内容,合理设置任务清单,让学生学到知识、提升能力,能正确解读相关的问题。

3)有效性原则:正确处理传统教学与网上教学的关系,实现教学目标;合理安排学习内容,正确评价学习效果,做到内容讲解到位,学习效果良好。

(4)微广播课录制的实施建议与录制流程

1)微广播课录制的实施建议:①确定内容。以新课教学或复习进度为参考,把教材中每节课的教学内容分为3~8个微广播课,每段时长约为3分钟,要确定主题和核心内容。②编写脚本。内容要翔实,要解决1个或多个小问题,问题间要有独立性和关联性,语言要准确、精炼、简捷、科学,要不断用问题引领学生的思维。③实施录制。录制可采用教师独立、师生互动、电话录音等多种形式进行,学生要提问题、谈收获、说感悟、做表率。

2)微广播课的制作流程:①确定名称,如"学物理,你很好"微广播课。②编制目录。目录可采用分级制,为每个微广播课起一个名字。如八年级第七章第一节"弹力 弹簧测力计"目录可分别确定为:"弹力 弹簧测力计"之一"物体的形变","弹力 弹簧测力计"之二"弹力","弹力 弹簧测力计"之三"形变大小与外力的关系"。③编写内容。根据目录要求,编制样张的教学内容并试录,经审核通过后,可录制整节课的教学内容并上传微广播课编辑部。④设置问题。问题要少而精,不要编写无法用语言表述的内容。可设置一些让学生解释的问题,要降低教学难度,增加学习兴趣,要对学生提升学科素养和考试成绩有用。⑤设置开场白。教师录课要设置统一的开场白或结束语。

2.4.2 学生使用微广播学习的方法

1)碎片化学习:微广播作为学习的非主流工具,集趣味性、知识性、独立性为一体,可满足学生随时随地碎片化学习的需求。

2)辅助性学习:教师在线上或线下教学过程中,可选择相应的内容让学生聆听并思考,让微广播辅助学生的学习。

3)针对性学习:根据学习进度,学生可根据同步学习的内容选择适当的内容进行学习,通过聆听微广播加深对知识的理解和对问题的思考。

微广播开创了全新的资源建设模式,从小处入手,重点关注某个知识点、技能点,用问题引领,关注学生的思维动态,教师站在学生的视角,完成某个教学环节师生互动的设计制作。与传统的线上和线下教学资源相比,微广播课的设计理念、制作方法、适用对象、使用方式等大不相同:微广播是一种短、平、快、有效的创新学习方式,将成为继"微课""翻转课堂""基础课"之后又一种流行的有效学习方式,这种学习方式对强化基础,提升各个层次学生的学习,特别是对学困生的学习有促进作用。

【案例】周兆富老师对"学物理,你很好"微广播课的解读

周兆富老师在微广播序言中,对微广播课的起源和目的进行了解读。

老师:"亲爱的同学,你在线上学习过程中有什么困惑吗?"

学生:"我整天对着屏幕听线上课,眼睛很累,大脑极度疲劳,有时对所见内容视而不见。老师,有让眼睛休息同时还可以学习的方法吗?"

老师:"有哇。'学物理,你很好'微广播课,就是通过'讲故事,说知识,提问题'的方法,用声音、用听觉让你走进神奇的物理世界。"

学生:"太好了。可是这么多内容,我如何选择?"

老师:"你可以根据学习进度,通过目录的超链接收听你需要的内容。现在我们推出的是人教版八年级物理与学习同步的内容。"

学生:"是不是每个内容都要听很长时间?"

老师:"不是的。我们把每节课分为5~8个小专题,每段微广播只有3分钟时间。"

学生:"微广播就像我的新朋友,我可以通过手机、MP3等方法随时听,还可以根据老师的要求做实验和回答问题,是这样吗?"

老师:"是的。微广播就是你的朋友和学习助手,你可以跟着声音走进有趣的物理世界,解读物理问题,提升物理成绩。"

学生:"太好了,我都等不及了。"

老师:"亲爱的同学,你准备好了吗?请跟随广东省周兆富名师工作室的老师,让我们共同出发,开始物理学习的神奇之旅吧!"

【点评】微广播课学习方式是根据学生认知的心理特点设计的,在改进学生学习方式方面有3个特点:一是把每节课的常规教学内容分成3~8个微专题,每个专题解决少量的物理问题,因其内容少而精,可以提升在学生脑神经元上的留存效果;二是微广播每个小专题采用师生对话和问题引领形式,让学生跟着教师提出的问题和自己的疑惑进入深度思考状态,有问题的思考才是最有效的学习;三是微广播作为学生学习的新朋友和学习助手,对设备要求极低,是学生新的可以放到"口袋里的有声书",学生可以跟着声音走进有趣的物理世界,解读物理问题,提升物理成绩。

2.4.3 目标驱动、问题引领的微广播

"学物理,你很好"微广播是通过目标驱动、问题引领的方式,用生动、有趣的故事,在每个微广播中设置1个或多个小的学习目标,把物理知识和生活实践联系到一起,通过提出问题引领学生的思维,让学生在听故事中思考,在解读问题过程中掌握知识,提高分析和解决问题的能力。

【案例】周剑山老师"功率"之"功率的应用"

教师:"要把新购买的物理器材从1楼搬到3楼,如果想测量用竖直电梯搬运器材过程中,箱子克服重力做功的功率。你能设计出实验方案吗?"

学生:"老师,能给点提示吗?"

教师:"还记得功率的定义式吗?"

学生:"当然记得,功率是功与时间的比值。"

教师:"很好。怎样知道功和时间呢?要用到哪些实验器材呢?"

学生:"我可以用秒表测量出时间,但是我不知道怎么测量功。"

教师:"搬运过程中,可以认为电梯对箱子的支持力等于箱子的重力,物体沿支持力方向移动的距离等于楼层的高度。那么,用什么工具测量重力和高度呢?"

学生:"可用台秤测量箱子的质量,计算物体的重力;用皮尺测出楼层的高度。"

教师:"如果手上没有皮尺,怎么测量高度呢?"

学生:"用刻度尺测出楼梯台阶的高度,根据台阶的数量可算出楼高。"

教师:"你已经找到实验的方法了,能梳理一下实验步骤吗?"

学生:"第一步,用台秤测出箱子的质量 m;第二步,用秒表测出搬运过程中所用的时间 t;第三步,用皮尺测出楼层的高度 h,或者用刻度尺测量出台阶的高度。功率表达式就是 $P = mgh/t$。是这样吗?"

教师:"是的,很好。你能根据以上内容做实验吗?要有实验数据。"

学生:"好的,我会把实验过程、数据、结论的文稿和视频发给您。"

教师:"好的,我期待你的作品。"

【点评】微广播要关注到每个学生,要降低难度,让学困生学有收获。本案例中,从学生喜欢的熟悉环境和问题中学习,老师从把物理器材从1楼搬到3楼,让学生能设计实验方案开始,在学生困惑中教师及时提示,让学生说出实验原理。教师通过怎样知道功和时间,要用到哪些实验器材,引领学生思考;又提出如果手上没有皮尺,怎么测量高度等问题让学生理解功率的概念,并请学生设计一道计算功率的题。

在微广播过程中,从创设学生可以想象的问题出发,让学生设计、说出所需的器材和应测的物理量,给学生提出更高的要求,用问题牵引学生的思绪,用语言引领学生思考,让学生在听的过程中有身临其境的感受。这种在学生大脑皮层中构建的情境和问题,让学生的思绪和问题一起飞。在微广播的最后,老师提出让学生把探讨的问题用实验进行测试,要求有图、有描述、有结论和视频,这使学生成为学习的主人,也让微广播的教学内容在满足大部分学生的基础上,给尖子生发展的空间,让他们有事可做。

总之,微广播课作为一种全新的学习形式,疫情防控期间为线上学习提供科学的方法,根据网上学习特点和学生认识规律,科学设置学习内容,确保学生有效提升学科素养。正确处理传统教学与网上教学的关系,通过微广播课的互动环节实现教与学目标,合理安排学习内容,正确评价学习效果,做到内容讲解到位,学习效果良好。

第 3 章　微课制作实用技术

3.1　微课的录音与录屏技术

3.1.1　微课的录音技术

录音是微课制作过程中的重要环节,声音的质量决定了微课的播放质量和使用效果。微课录音所需工具可分为硬件和软件 2 部分,用电脑录音时,其硬件工具主要是麦克风及相关配件;用手提电脑或手机录音时,可直接用其自带的内置麦克风或话筒进行录制。

(1)选择一个合适的录音环境

要让微课听起来更加舒服清晰,要选择一个合适的录音环境,需降低噪音干扰和声音的反射。选择相对安静和封闭的空间,最好将房间的窗户、门关闭。如果墙面比较平滑,可以挂上浴巾、床单,避免声音反射,也可以使用床单、窗帘布等来降低噪音和回声。需半包围覆盖。可以拉个窗帘,把话筒和录音设备围住来避免回声干扰。关闭会影响录音质量的电子设备,如空调、风扇、音响等;关闭电脑上非必要应用程序,避免干扰录制,减慢电脑速度。

(2)保持良好状态

适当休息,保持良好的嗓音状态。录音前一两天发声器官要得到充分休息。要想保持轻松温润的嗓音状态,在选择麦克风时建议选用 USB 电容式麦克风,因为 USB 传输的是数字信号,电容麦克风能够捕捉足够多的声音细节,具有一定的降噪效果。如果不想过多投入,买耳麦或者用手机录制也可以。录音时最好用话筒架支撑来稳控麦克风,让口腔与麦克风保持 15~20 厘米的距离。为了防止喷麦,可在麦克风上套一个 5 毫米厚的海绵套,或用一张薄的餐巾纸覆盖麦克风。

(3)录音相关模式选择

选择"半心型录制"或"人声优化模式",录音时要反复试音,选择回听效果好的录音效果方式进行录音。正式录音时,发声尽量洪亮,中气十足,吐字清晰,字正腔圆,尽量放慢语速,根据微课题材发挥声音的表现力。要求利用正常叙事的严肃、轻松的和充满活力的语音语调调整语速和节奏,轻、重音的表现和适当停顿也很重要。

3.1.2 "PPT+录屏"微课的录制技术

使用 office 的"PPT+录屏"录制微课时,先打开备好的课件,点击"录制幻灯片演示"开始录制,如图 3-1 所示。此时有 2 种选择:"从当前幻灯片开始录制"和"从头开始录制",选择其中一个选项,点击进入如图 3-2 所示界面进行选择。

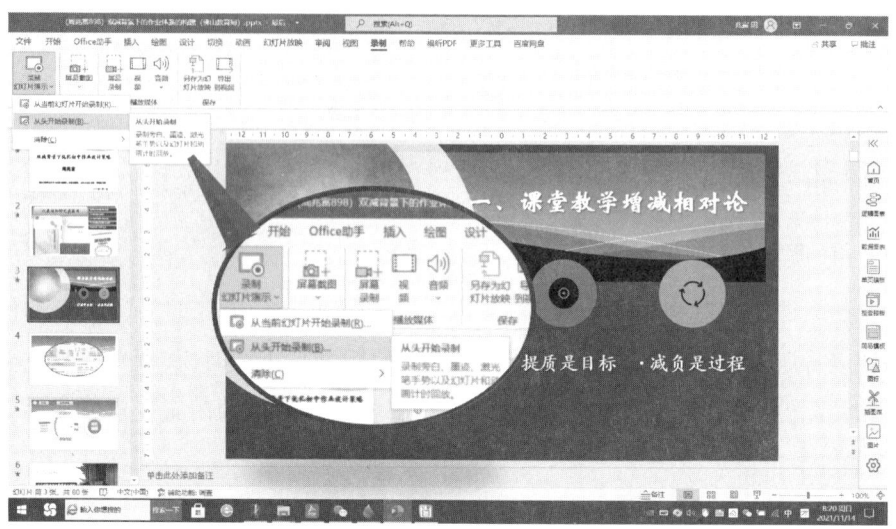

图 3-1

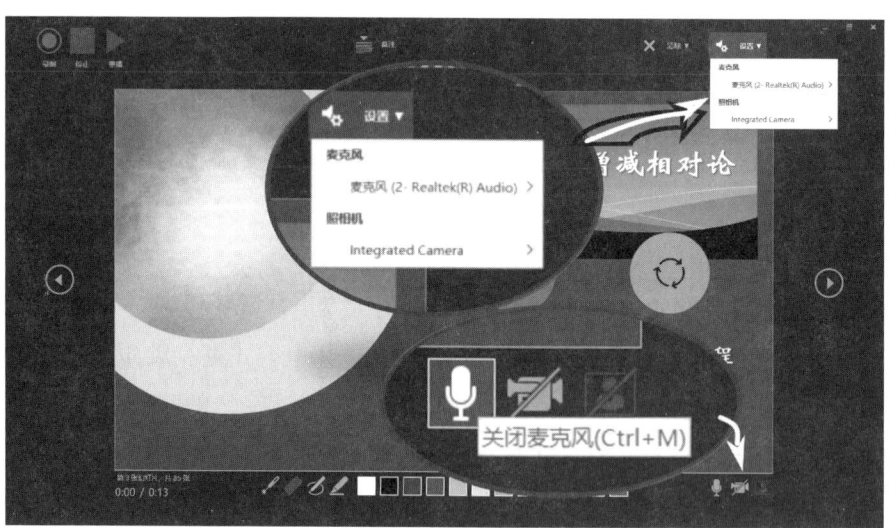

图 3-2

在图 3-2 中,点击右上角图标进行麦克风和照相机设置,点击右下角图标设置麦克风和照相机是否打开。

在图 3-3 中,点击右下角图标进行照相机设置。照相机设置有"打开"和"关闭"2 种,其中"打开"可在课件的右下角出现微课上课老师的动态头像。点击右下角图标设置麦克风和照相机是否打开。

在图3-3的下端分别有荧光笔、橡皮擦、笔、激光笔、取色板,在微课录制过程中,教师可用各种工具进行相关操作。

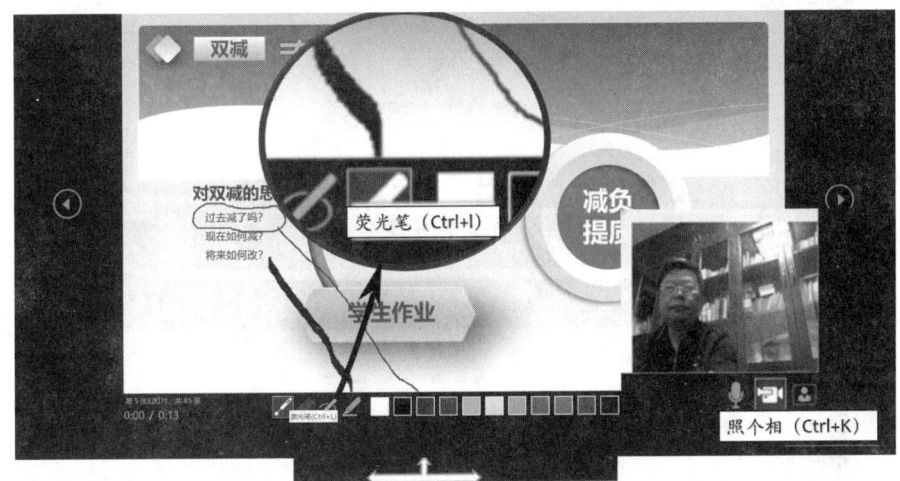

图3-3

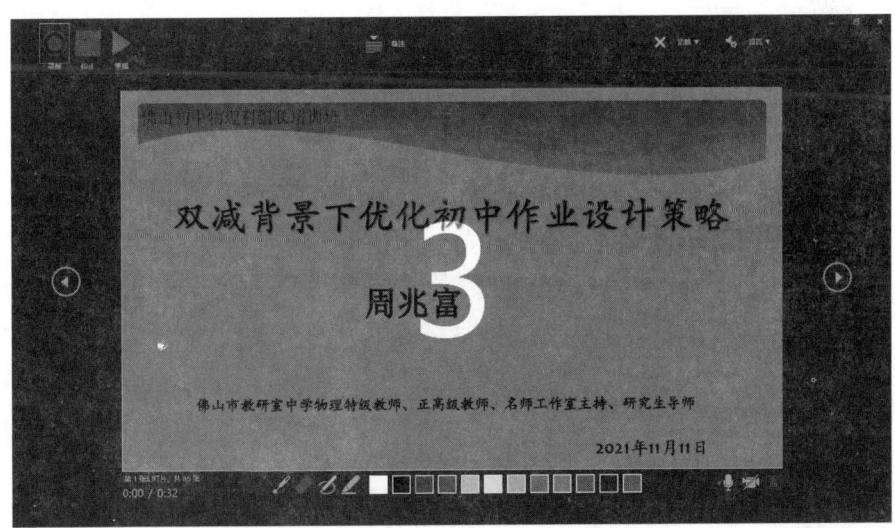

图3-4

点击图3-4左上角的红色按钮,屏幕上出现倒计时"3、2、1",录屏开始。

微课录制结束后,在图3-5中任意位置点击鼠标右键,在出现的下拉菜单中点击"结束放映",然后点"文件"下拉菜单,在出现的屏幕中将鼠标移动到"创建视频",出现如图3-6所示界面。先选择"全高清"或"使用录制时记录旁白计时选项",然后点击"创建视频",出现文件保存对话框后,选择文件夹,给文件起一个名字,然后选择保存文件类型,如图3-7所示,完成微课录屏并保存。

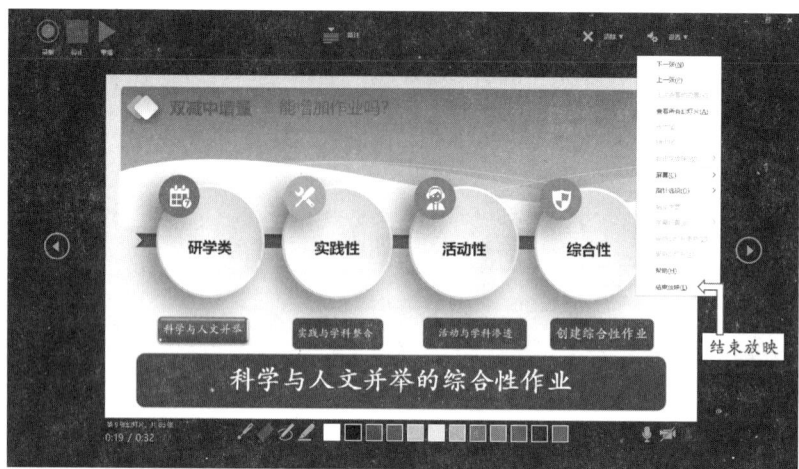

图 3-5

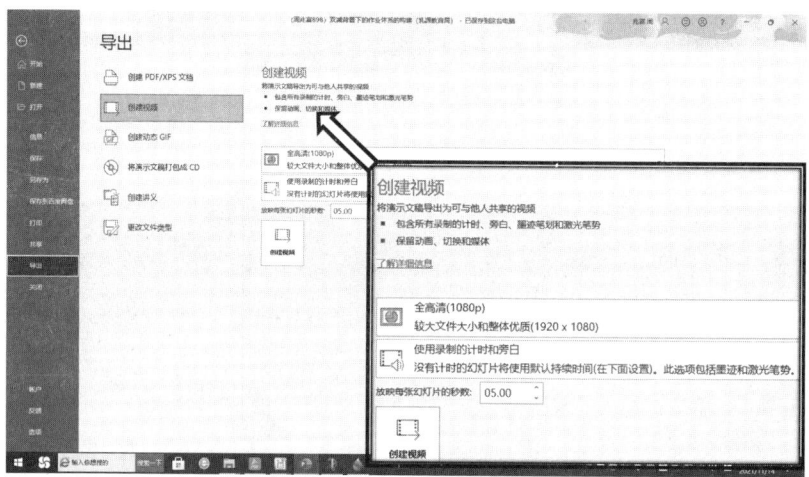

图 3-6

图 3-7

3.1.3 "剪辑师"录屏技术

"剪辑师"是一款操作简单的免费录屏、剪辑一体化软件,具有快速支持录屏、剪辑和生成视频等功能,特别适用于微课的制作,通过简单学习就能满足视频制作的需求,可轻松创造出更多的精彩片段。

(1) 安装和注册"剪辑师"软件

在网页地址栏中输入"jjs.im"进入"剪辑师"首页,如图 3-8 所示。点击"立即下载",出现如图 3-9 所示界面,点击"快速安装"或选择"自定义安装",软件开始安装。在软件安装界面,浏览完软件功能简介后,点击"完成安装",开始体验"剪辑师"这款软件的功能。

图 3-8

图 3-9

在电脑屏幕上出现如图 3-10 所示界面,需要先注册一个属于自己的账号。点击开始注册,输入手机号或邮箱以及密码,完成注册,然后输入账号和密码,点击登录就可打开"剪辑师"软件。进入账号之后,点击认证按钮进行免费认证,打开之后填写相关信息,通过认证之后,可去除 30 天试用时间的限制,从而可以永久免费使用"剪辑师"软件了。

图 3-10

(2)使用"剪辑师"录屏

登陆完毕后,出现"录屏""编辑"和"展台"选项,如图3-11所示,选择点击"录屏"。

在弹出的录屏窗口中可以选择"全屏录制",也可以选择"自定义"来调整录制区域的大小方框,如图3-12所示。方框是录制范围的大小,可以拖动中间的小十字来调整录制的位置,也可以拖动4个角来设置范围的大小。

图3-11

图3-12

在图3-13中,可选择点击"麦克风"录制电脑外部声音,也可选择"系统声音"录制来自电脑播放的内部声音;点击"摄像头"图标,可选择在录屏过程中是否显示微课录制者头像。点击图中的红色录制按钮开始录制,等录制完毕后点击"停止"按钮停止录制。在录制过程中有"F9 开始录制""F10 结束录制"和"F11 暂停录制"3个快捷键可选用。点击开始之后,倒数3秒钟开始录制,点击结束按钮,可以直接预览前面的截取和录制;或者将录制好的这一段视频导出,如图3-14所示,选择相应的路径保存起来。

第 3 章　微课制作实用技术

图 3-13

图 3-14

3.2　微课的视频录制技术

3.2.1　视频工具特点

相对于录屏微课的制作技术,智能手机、数码相机、便携式录像机等技术使用更加自由,对计算机操作技术要求不高,适合现场表演。

(1)拍摄配置

一般配制可采用 2 种模式:一是便携式数码相机(录像机)、DV 机 + 白板(黑板) + 三脚架 + 笔(粉笔)或其他相关教具,拍摄助手;二是智能手机(数码相机或其他移动工具) + 白纸(卡片)、胶带、笔、拍摄助手;三是在录播室或用录制工具现场录课 + 剪辑工具。

(2) 拍摄流程

设备准备 ➡ 调整距离 ➡ 开始拍摄 ➡ 适度暂停 ➡ 结束录制 ➡ 导出视频 ➡ 后期剪辑

(3) 录播教室

教师在录播教室里,使用白板、PPT、实验器材等教学工具授课,利用安装在教室的高清摄像头完成微课的拍摄。

1) 配置：录播室的高清摄像系统、辅助录像的智能手机或录像机、多媒体电脑、不同颜色的笔、白纸(或白板)、任务清单、脚本、教案、课件、视频编辑软件。

2) 基本方法：第一步，选择微课程主题，进行详细的教学设计，形成教案。第二步，用笔在白纸(白板)上展现教学过程，边写边讲解，尽量保证语音清晰。可以用不同颜色的笔书写、画图、标记等。在他人和辅助器材的帮助下，用手机将教学过程拍摄下来。要保证画面清晰、准确、稳定。第三步，进行视频编辑，添加字幕和进行美化，生成微课程视频。

(4) 虚拟录播室

虚拟课堂是老师站在绿幕前，如图 3-15 所示，利用抠像技术，将老师与场景重叠在一个画面上，再搭配虚拟物件(如教师看不到的钻石分子结构模型)，如图 3-16 所示，制作出变化多样的教学视频。在虚拟演播室内完成微课的拍摄，得到原始视频。原始视频在后期通过抠像、合成背景等工作，完成初加工。视频中需要用到的背景可以由教师自行提供，也可在拍摄中心提供的模板中选择。

1) 视频中不同时出现教师和 PPT。后期制作中，需要出现 PPT 时切换到 PPT 全屏，或者将关键字句、公式、图片等添加到教师画面中。

图 3-15

图 3-16

2) 视频中完全不出现 PPT。后期制作中，将关键字句、公式、图片等添加到教师画面中，如图 3-17 所示。

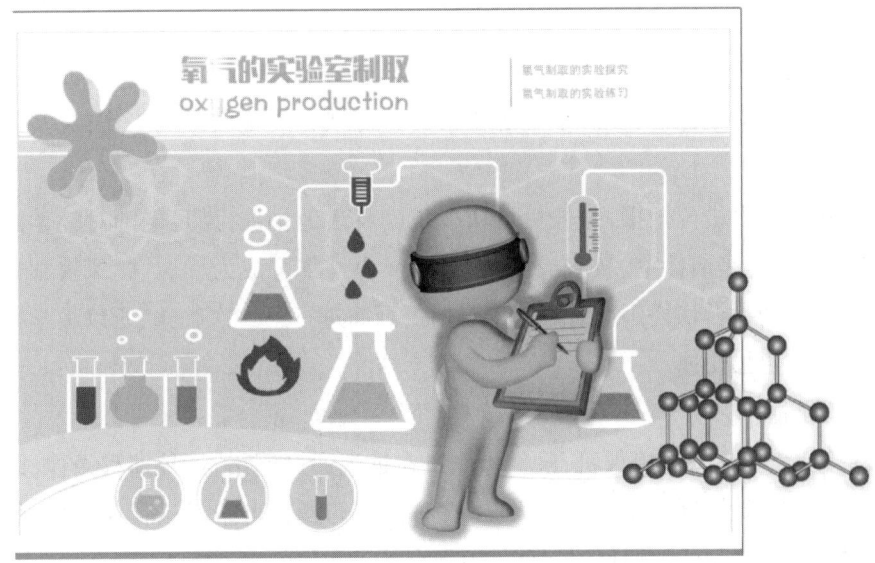

图 3-17

3)教师在 PPT 前讲课并录制视频。同时用"PPT+录屏"方法同步录屏,通过后期制作使视频和录屏同时出现画中画效果;也可让教师在虚拟演播室里录制视频,后期抠像、叠加 PPT 等。

(5)拍摄时注意事项

1)在拍摄微课前,教师需确定具体的拍摄地点、形式、所需设置和课件,确定所需的背景。其中,PPT 页面建议设置为 16∶9。

2)拍摄微课时,如果需要出镜,教师要将目光尽量锁定摄像机镜头,眼神不要游离。教师着装要庄重,不要佩戴首饰,过度化妆,不要穿绿色系的衣服,最好不要戴框架眼镜(可佩戴隐形眼镜),以免影响后期抠图效果。

3)讲课过程中,如果出现口误、忘词等情况,无须中断视频的拍摄,请从当页 PPT 开始处重新开讲。

4)保持摄像头清洁,远离强光刺激,不背光,保持光线充足。可以使用带灯光的摄像头,调整摄像头距离,确保录像画面的整体性。

3.2.2　摄像机拍摄微课[①]

(1)课堂实录

在完全不改变老师传统教学方式的情况下,录制高清晰画面的教学视频,利用超短焦投影机,将数字教材利用背投影技术投影到绿幕上,老师直接在绿幕上使用电子互动笔作批注,通过抠像功能将数字教材与拍摄画面结合,制作画面清晰的教学视频。

---

① 洋铭讲师组.微课视频拍摄指导[M].北京:人民邮电出版社,2017:2-15.

(2)移动录播

利用多台摄像机进行多角度的拍摄,完全打破了空间限制,可录制户外的运动、室内教学、大型音乐会、科技比赛、实验室中的科学实验等来完成视频录制工作,让实景拍摄的画面丰富多彩。

移动录播采用多机位拍摄,摄像机可从多角度灵活地拍摄,满足老师对教学画面呈现的所有要求,无论是演播室、教室或操场,室内或户外都可成为优课、微课教学视频的拍摄场所。因为切换台切换画面时等同于对拍摄画面进行第一次筛选,所以教学视频的后期制作剪辑将更加快速。

(3)远程录播

在教室架设3~4台云摄像机,录像操作员在远端通过网络,遥控课程录像,录制过程不影响学生上课。控制系统只需1人操作即可,且切换台可架设于任何地方,最多可控制4台摄像机。画面的切换可以近似于电视台节目制作的水平。

(4)综合录播

可将虚拟录播、课堂实录、移动录播、远程录播等方式及设备结合,将遥控录课的中央控制室全部安置在同一个教室中,方便视频制作流程管理。

(5)教师装扮

利用摄像机拍摄微课时,上课的教师要注意服装造型,拍摄前上一点妆是必要的条件,对头发造型,不需要特意梳妆打扮,以体现出专业教师形象为佳。拍摄时尽量避免太过于休闲与随便的服装,女士们宜穿着简单的套装或连衣裙,男士们可穿着衬衫或西装等。

(6)肢体和语言

肢体训练包含仪态、手势、眼神、走位。拍摄视频前教师要先熟悉拍摄的环境,特别是在拥有绿色背景拍摄时,教师要站在灯光前大约5分钟,待逐渐习惯了灯光的照射后再拍摄。对于有一定演出区域的,不要走出镜头外。上课时教师要轻松,保持自身的风格特色与长处,发挥出平时上课时的状态,自然散发出授课的魅力。语言训练包含咬字、换气、抑扬顿挫。录制课程时要按照自己的上课方式说话,用自然轻松的语调让学生清楚地接收授课信息。

3.2.3 手机拍摄微课

用手机录制微课时,可采用1~3部手机同步录课。录课时,其中一部手机可直接面对教师进行录课,一部手机面对学生,另一部手机处于动态拍摄状态,抓拍随机重要事件或关键细节。

(1)基本器材

智能手机、三脚架、蓝牙遥控器、相关的灯泡等设置。

(2)拍摄方法

1)实景拍摄:用手机拍摄实物(实景)。直接拍摄实物来进行讲解,后期简单合成编辑。注意:手机拍摄适合于场地较小、较安静的情况,为了防止画面晃动,可用三脚架固定手机。

2)拍摄桌面:利用手机俯拍支架,可在桌面上进行微课讲解,用手写文字、画图、做相关的实验等。这些微课的内容是固定在桌面的某个位置展开的,如图 3-18 所示。拍摄前调整好手机的高度和焦距,保证拍摄清晰,同时让 A4 纸张位于手机拍摄的有效区域中。保证书写字迹清晰端正,将教师书写内容完整地显示出来。

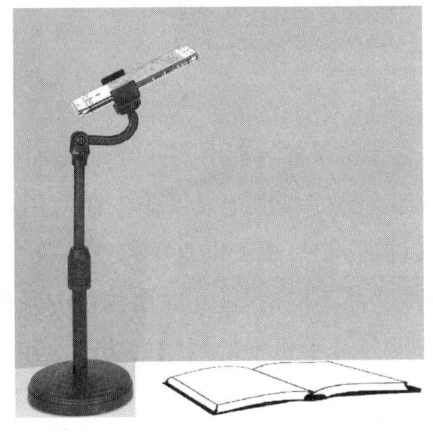

图 3-18

3)放纸片法:在用手机录制画面中,除了标题外,把微课中各类元素用一张一张准备好的纸片放到镜头拍摄的位置,随着老师的解说,逐个放到画面中,并用"手机+支架"的方式录制。

(3)录屏微课(以华为手机为例)

1)用手机的快捷键。从手机屏幕顶部往下拉,如图 3-19 所示,选择点击"屏幕录制"就可以录屏了。

2)使用手机按键。如图 3-20 所示,同时按住音量键和开机键 3 秒左右,可以调出录屏菜单开始录屏。

3)双击手机屏幕。通过双指关节快速敲击屏幕 2 下,如图 3-21 所示。快速敲击后马上录屏。

4)"手机+PPT+配音"录屏。"手机+PPT+配音"有 2 种方式:一是在手机中打开 PowerPoint,找到需要配音的幻灯片和具体的画面动作,点击"幻灯片放映",然后用以上方法开始录屏;二是点击 PowerPoint 菜单栏上"幻灯片放映"中的"录制幻灯放映"相关选项,开始录制微课。

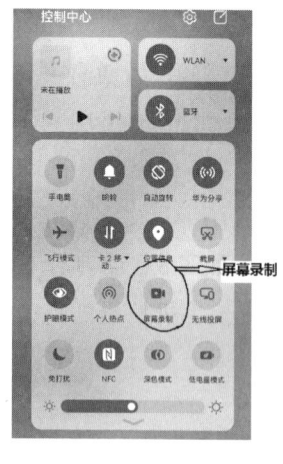 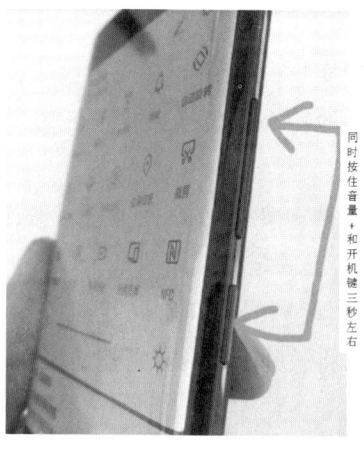 

图 3 – 19　　　　　　图 3 – 20　　　　　　图 3 – 21

5)"录屏 + 录像"微课。在手机录屏过程中,手机界面随时间发生的一切和操作过程中的画面、音频、视频等内容都会被完整地记录下来。在使用手机录课过程中,在展示 PPT 课件、相关文档或其他文件的同时,还可以直接打开手机中的相机图标进行现场视频的录制工作。与用手机录像功能不同的是,此时照相机的录像键不能使用,手机会提示录音功能正在被占用,但只要打开手机中的照相机功能,当时环境下的实景和声音都会被手机如实记录下来,成为完整的音视频微课。

6)华为 nova 7 Pro 前置和后置摄像头支持双景拍摄。打开手机相机图标,在拍摄界面下面点击"更多",如图 3 – 22 甲所示;点击"双景录像",如图 3 – 22 乙所示,将手机对准待录制的画面,转换摄像头即可选择前后双景。在双景镜头中,有一个镜头可选择前置或后置镜头,另一个则可以把远景放大或缩小,如图 3 – 22 丙所示,同一画面局部被拉近并放大。

(4)手机拍摄技巧

1)保持平稳:微课视频拍摄手机始终要保持水平状态,要保持画面稳定,准确无误地抓取拍摄对象,拍摄时机把握准确清晰,拍摄时镜头的移动不能太快。

2)控制时间:拍摄固定镜头有效长度不应少于 8 秒,运动镜头起幅和落幅应该有 3 秒左右,运动部分的时间要适度。

3)静态构图:根据画面构图形式外在结构的区别,可以将其分为水平线构图、垂直线构图、斜线构图、曲线构图、黄金分割式构图等。

4)动态构图:拍摄微课根据镜头是否运动的情况,分别采用固定法、追随法、扫描法(通过镜头的转动拍摄全景)、变焦法(推远以观全貌、拉近以观近貌和特写)、移动法(移动镜头的位置进行连拍)。

(5)手机视频的打开和保存

手机录制微课视频保存之后,可以打开查看手机视频保存在哪。以华为 mate 30 为

例介绍如下:

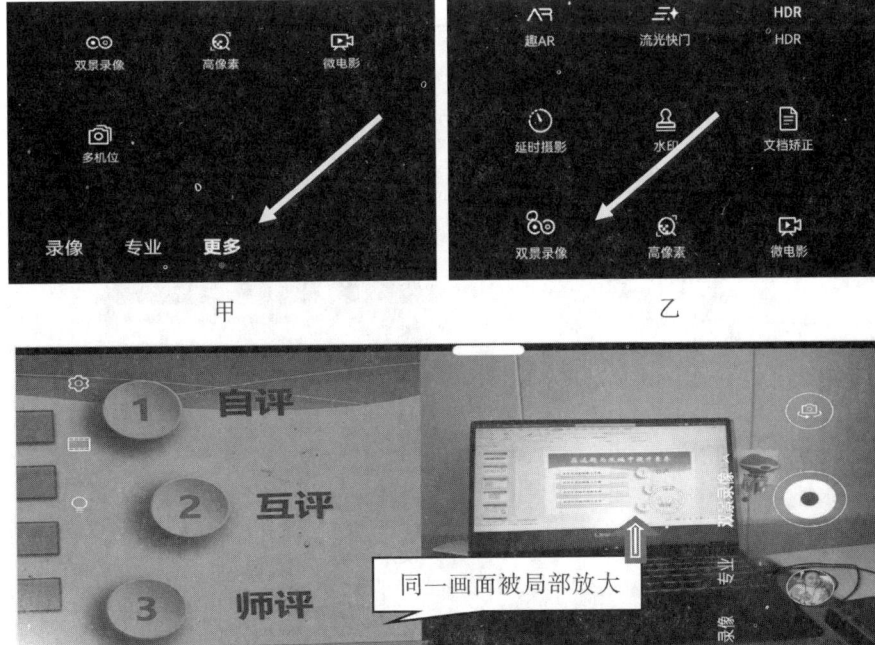

图 3－22

1)打开手机界面,找到"实用工具"图标,如图 3－23 甲所示。点击打开,手机页面如图3－23 乙所示。

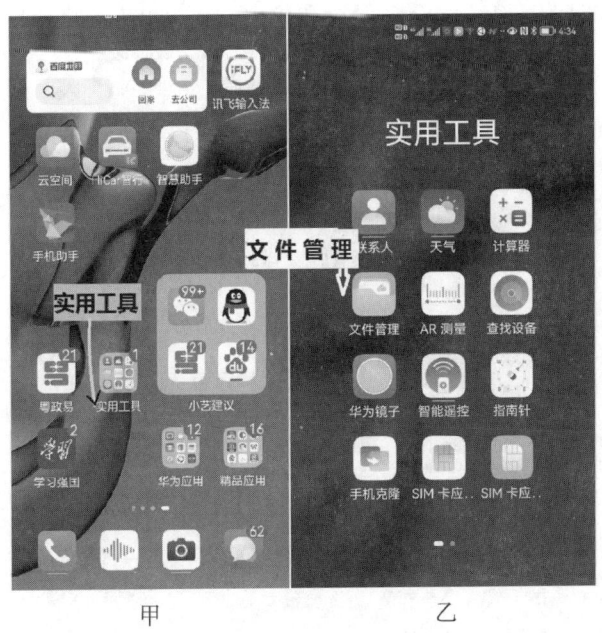

图 3－23

2）点击手机页面中的"文件管理"图标,打开如图3-24所示界面,点击"视频"图标。出现按视频分类的界面,点击"所有视频",进入如图3-25所示的界面,点击"排序方式"则可找到相关视频。

图 3-24　　　　　　　　图 3-25

3）手机视频的导出:在手机视频打开界面,点击"更多"菜单,在手机界面上出现"分享""复制""移动""上传云盘"等众多保存和导出方式,如图3-26所示。

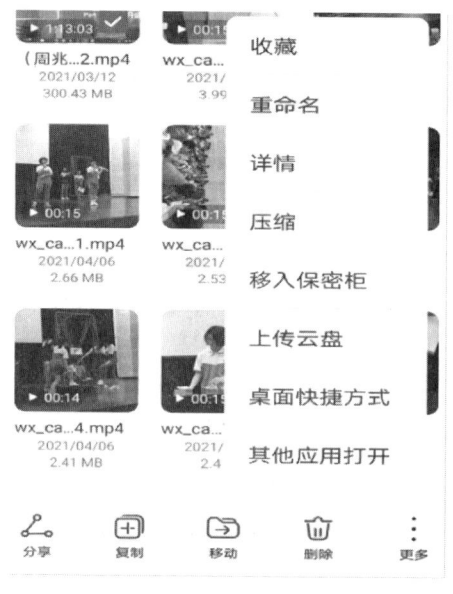

图 3-26

手机视频导出可采用"华为助手""面对面快传""手机克隆"等方式,也可通过 USB、电脑和手机同时上 QQ 或微信等社交软件进行传输。

3.2.4 可汗学院模式

可汗学院微课是采用手写板或交互黑板+专业录屏软件的教学模式,其微课中的文字和图表一般采用手写的字体,页面采用"黑板+粉笔字"的形式(图 3-27)。虽然这种方式有时教师的字写得并不好,图画得也不美,但在这种粗糙的文字和图画呈现过程中,学生有了亲切感和在课堂真实上课的感觉,这也正是可汗学院模式的魅力所在。

 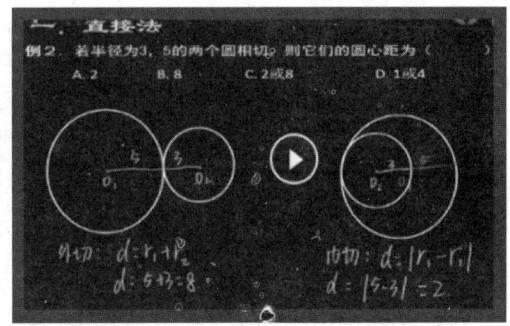

图 3-27

1)配置:多媒体电脑、带话筒耳麦、手写板或交互白板、屏幕录像软件、演示软件(Word、PowerPoint、画图软件、绘图软件、几何画板等)。

2)基本方法:通过手写板或交互白板,用演示软件对教学过程进行讲解演示,并使用屏幕录像软件录制。

3)制作流程:第一步,选择微课程主题,进行详细的教学设计,形成教案;第二步,安装手写板或交互白板及其配套的专用笔等工具,与电脑连接,使用演示软件对教学过程进行演示;第三步,利用交互白板(或手写板)自带摄录软件或专业录屏软件,录制教学过程和教师的声音;第四步,为了增强微课程视频的效果,可用视频编辑软件进行后期美化编辑。

3.2.5 微课视频构图

(1)静态构图

根据画面构图形式外在结构的区别,可以将其分为水平线构图、垂直线构图、斜线构图、曲线构图、黄金分割式构图等。良好的构图是优秀照片的基础,是摄影最重要的精神所在。以下介绍最实用的 9 大构图技巧,解决拍照时遇到的大部分场景。

1)三分法构图。三分法是摄影构图中最重要也是最常用的一个准则,分为横向三分线和纵向三分线 2 种,如图 3-28 所示。构图要领是:重要的线条放在 4 条三分线上,重要的点放在 4 条三分线的交点上。

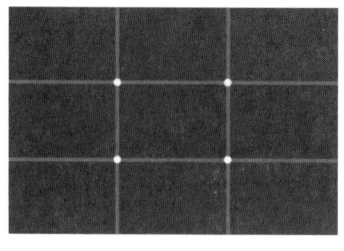　　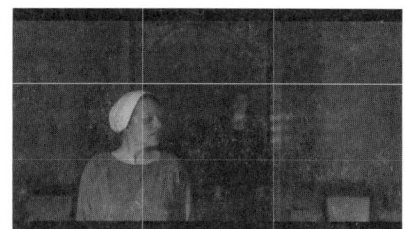

图 3-28　　　　　　　　　　　　图 3-29

如图 3-29 所示，利用三分法拍摄物体或人像时，主体应该放在左右哪根线上，主要取决于物体的方向、人脸的方向，或人运动的方向。如图 3-29 中，人眼看向右方，那么就将人放在左边，这样看起来宽松、舒服。

2) 居中构图。居中构图的景物多是向画面的上下方向发展的，采用这种构图的目的是强调被摄对象的高度和纵向气势。居中构图适合在强调对称的时候使用。比如正面拍摄一个对称的建筑时，将建筑放在画面的中间，保持画面左右两边对称，给人一种稳定、庄重、正式、均衡的感觉。

3) 汇聚线构图。如图 3-30 所示，汇聚线构图是利用来自四面八方的线条一同交汇于画面中的一点，使画面产生更好的空间感与纵深感的构图技巧。生活中，充满线条的场景都可以利用汇聚线构图，如地铁站、楼道间、巷子、街道、公路等。

4) 对角线构图。如图 3-31 所示，将画面中线条沿对角线布置，便形成了对角线构图。沿对角线布置的线条可以是直线，也可以是曲线或者是物体的边缘。只要整体的延伸方向与画面对角线接近，就可以视为对角线构图。对角线构图，一方面，能够产生运动感和指向性，容易引导观众的视线随着线条的指向去观察；另一方面，斜线能够给人以三维空间的第三维度的印象，增强空间感和透视感。

图 3-30　　　　　　　　　　　　图 3-31

5) "S"形构图。如图 3-32 所示，"S"形构图是指画面上的景物呈"S"形曲线的方式分布，具有延长、变化的特点，能够有效地利用空间，把分散的景物串连成一个有机的整体。比较适合拍摄主体本身富有曲线的景物，如河流、小溪、曲径、公路、铁轨、羊肠小道等。

图 3－32

6）框式构图。如图 3－33 所示，框式构图就是利用生活中常见的框型物体对拍摄主体进行框取，让画面出现"画中画"的效果，从而起到突出主体的作用。生活中的框式物体有很多，如大门、窗户、桥洞，甚至手机屏幕。

图 3－33

7）重复法构图。如图 3－34 所示，当画面中没有单一明确的主体，或主体可能是一群同样的东西时，在画面中将这一群主体拍摄下来就是利用重复主体的构图方法。这样的画面会给人一种整齐美的感觉。

8）垂直线构图。如图 3－35 所示，垂直线构图即画面中以垂直线条为主。通常运用垂直线构图的时候，被摄体自身就符合垂直线的特征，例如树木、栅栏、旗杆、柱子等。

图 3－34

图 3－35

9）三角形构图。如图 3－36 所示，三角形构图是将画面中元素的排布趋势大致构成三角形的位置关系，或是让主体造型表现为三角形轮廓。三角形构图像一座山，会很自然地给人一种持久、稳定、向上的感觉。

图 3-36

（2）动态构图

1）固定法。固定法是指镜头固定不动拍摄动体的方法。在背景不变的情况下，如果动体在固定位置或在很小的活动范围内进行动态变化，运动对画面构图和布局不会产生影响，镜头就可以固定不动进行拍摄。

2）追随法。追随法是指镜头一直追随动体进行摄像的方法，包括水平方向、垂直方向的转动追随。如果被摄动体有规律地前进移动，镜头可以不停地转动，追随动体。像体育活动中的赛跑、运球、起跑、跨栏、投掷、标枪等，又如车辆行驶、江面漂流等，都适合转动镜头进行拍摄。

3）扫描法。对于风光的拍摄，可以通过转动镜头拍摄更辽阔的风景线。在摄影中一个镜头照不完的画面，在摄像中通过镜头的转动，可以连续不断地全部拍摄下来。运动中的物体不管多小都比静止的物体更容易吸引注意力，因此，在进行静止景物扫描拍摄的过程中，注意不要让不必要的、会分散观众注意力的动体出现在画面背景上。

4）变焦法。变焦法是在摄像的过程中进行镜头变焦拍摄的方法。使用变焦法拍摄可以改变被摄主体的景别。推远以观看其全貌，拉近以观看其近貌和特写，对景物的细节可以有更深刻的刻画描写。对于静止景物，通过镜头的变焦，既可以看到全景、远景，又可以看到特写，使静止的景物产生动态构图效果。对于与运动方向成垂直角度的动体拍摄，变焦法可以改变构图的景别，改变动体的大小。如果动体是迎面而来或背向而去，使用变焦法可以保持动体的大小不变。

5）移动法。移动法摄像是镜头的位置不断发生变化的摄像方法。它可以围绕被摄物体，进行不同角度取景的连续拍摄，也可以跟踪动体进行移动拍摄。如果动体运动速度较快，需要乘坐一定的交通工具进行跟踪拍摄；如果动体运动速度较慢，譬如动体是人在步行，拍摄者就可以步行跟踪拍摄。

3.3 微课视频编辑与后期制作

微课视频录制完成后，需要进行编辑，增加片头与片尾设计，加入相关的文字和特效。也可把多种形式同时录制的微课视频内容整合到一起进行编辑,剪切多余的内容,使微课更加简捷、精美、顺畅,教学内容适合学生学习的需求。这一切都需要采用专业的软件对已有的素材和教学内容进行整合和编辑。

3.3.1 微课的片头设计与制作[①]

短暂而精彩的微课片头往往能瞬间吸引学习者的注意和兴趣,发挥微课的传播效应。片头制作要把主题标题、作者信息、制作单位信息展示出来,适度插入背景、动画或片头音乐。

(1)片头设计原则

片头制作要精炼简捷,时间应控制在8秒以内,节奏速度要配合主题,内容快慢适当,要有承前启后的铺垫作用,做到主次分明。微课片头包括的主题和作者信息,可以使用文字、动画、logo、卡通动漫等形式展示,背景图片或动画应尽可能与微课主体内容关联,也可考虑插入微课主要内容过程的图片或视频等素材。气氛得当,片头音乐可根据微课主题内容的特点,选择轻快动感、抒情炫舞或幽默诙谐的背景音乐。微课片头除了包括基本要素之外,还要根据课程内容结构搭配选材,让片头更贴近主题引导学习,引导兴趣传播和宣传作用。

(2)片头制作方法

片头制作的方法很多,软件有多种,下面介绍几种简单的制作方法。

1)幻灯片+录屏制作片头。常用的幻灯片制作工具有PowerPoint、WPS office、万彩大师等。借用各种软件中自带的模板,添加主题背景图片、音乐、动画、艺术字等,把素材加进去,设置路径、退出功能的动画效果,就可制作出精彩的微课片头。

2)视频素材网站下载微课片头模板。如包图网(http://ibaotu.com/)、览知网(https://www.51miz.com)、我图网(https://www.ooopic.com/)、素材风暴(http://www.sucaifengbao-j.com/)等,注册登录网站,搜索相关的片头模板素材并下载,通过简单编辑,修改其中的片头文字可简单快速地制作出精彩的课件片头。

3)"爱剪辑"视频编辑制作片头。"爱剪辑"是一款易学易用、功能强大的国产免费视频编辑和制作软件,不需要视频编辑基础,不要理解时间轴等各种专业用词,可用直观、方便的剪辑实现片头制作。

3.3.2 用"爱剪辑"制作微课片头

(1)"爱剪辑"安装与注册

在网上搜索"爱剪辑"或在地址栏输入"爱剪辑"网址(http://www.ijianji.com/),可

[①] 岑健林,王统增,何蕴毅,等.微课技术与技巧[M].西安:陕西科学技术出版社,2020:141-143.

进入"爱剪辑"官网,点击"立即下载",如图3-37所示。在出现的页面中点击"立即下载",出现"直接打开""下载"和"取消"对话框,如图3-38所示,选择"立即下载"。

图3-37　　　　　　　　　　　　　　图3-38

下载完成后,打开相关文件,点击打开并安装,按安装向导进行软件安装。安装结束,进行注册后可免费使用。

(2)"爱剪辑"使用教程

输入"爱剪辑"网址,点击"用户支持"下拉菜单中的"在线教程",如图3-39所示;也可在"爱剪辑"软件的页面中点击"升级与服务"下拉菜单,点击"爱剪辑在线教程",进入爱剪辑学习界面,如图3-40所示。网页中有爱剪辑的"基础教程""进阶教程"和"实例教程"3部分内容供读者学习。

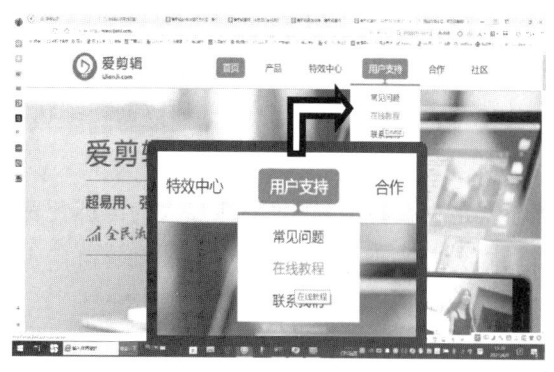 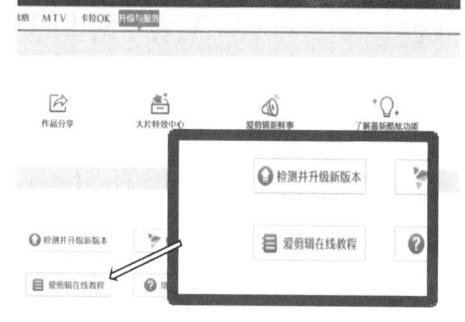

图3-39　　　　　　　　　　　　　　图3-40

(3)用"爱剪辑"制作片头操作步骤

1)定义视频大小等基本信息,准备好制作片头所需相关素材,并保存在固定的文件夹中。打开"爱剪辑"软件,在"新建"窗口中分别填好"视频大小"和保存的"临时目录",

点击"确定",如图 3-41 所示。

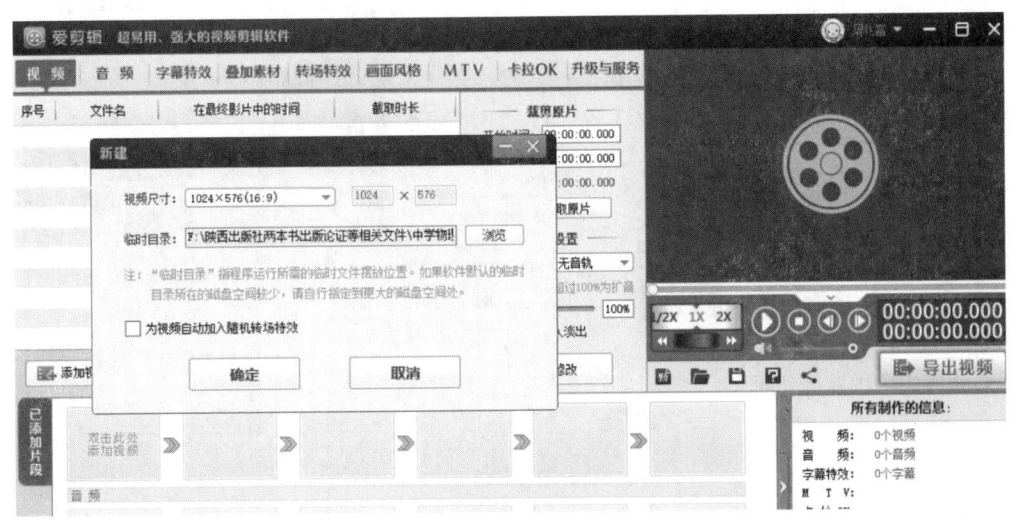

图 3-41

2)添加视频素材:打开已有的视频文件夹,采用拖拽的形式,把相关文件拖到爱剪辑的视频区域,如图 3-42 所示。按图中各步骤要求进行操作,最后点击"确定",视频文件添加完成,界面出现如图 3-43 所示状态,所选文件均添加成功并处于可编辑状态。

图 3-42

3)添加文本:如图 3-44 所示,在主界面点击"字幕特效"选项卡,在右上角视频预览框时间进度条上,单击要添加字幕特效的时间点,将时间进度条定位到要添加字幕特效处。

53

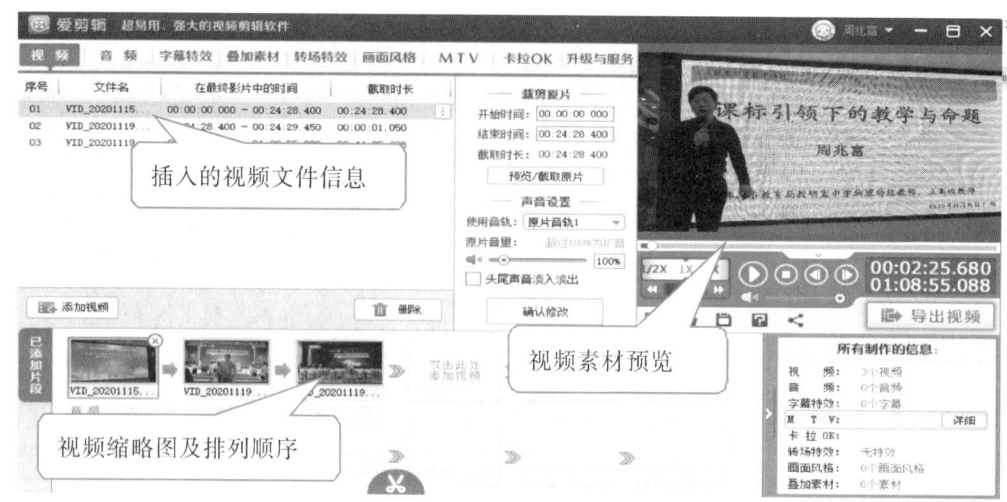

图 3-43

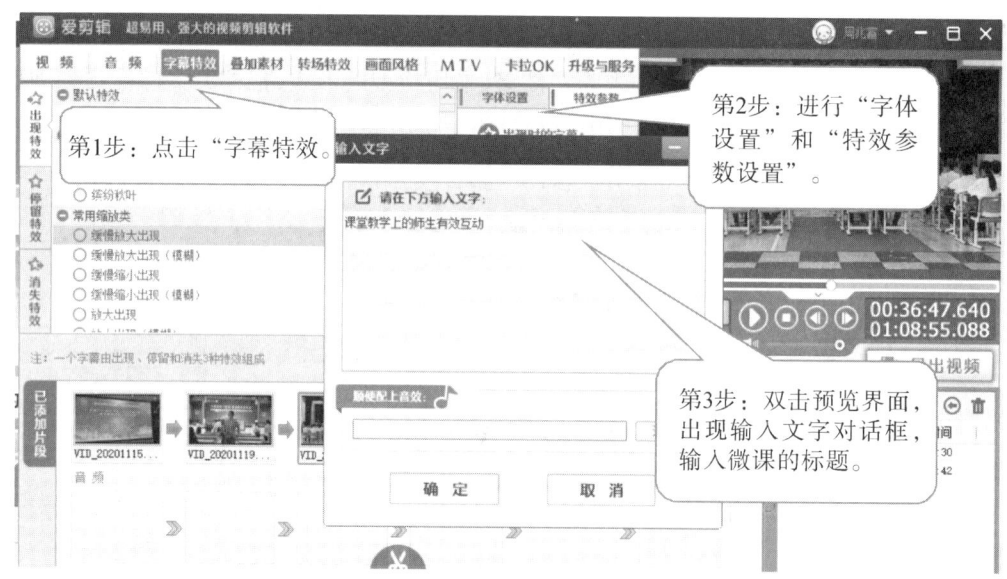

图 3-44

点击爱剪辑编辑软件字幕特效,在视频素材预览器,双击输入文字窗口,输入微课片头标题信息,点击确定完成输入标题。完成标题后,可分别进入"出现特效""停留特效"和"消失特效"对片头特效进行设置。点击软件左上角的"字体设置"和"特效参数设置",按微课制作者意愿进行设置。

4)添加音乐:如图 3-45 所示,打开"爱剪辑"软件,点击"音频"进入音频界面,选择电脑中的背景音乐文件,按住鼠标左键把文件拖拽到操作界面;也可点击界面上的"打开"图标进入相关文件夹,选择相关的背景音乐,点击后出现音乐设置界面,对背景音乐进行设置,点击"确定"完成对片头背景音乐的设置。

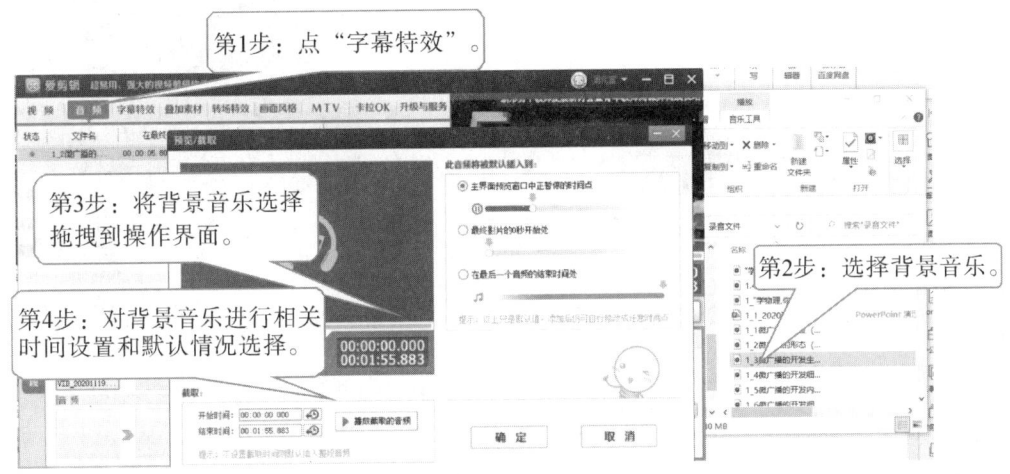

图 3-45

若在片头插入的视频文件中有声音,可在下面的编辑页面中单击鼠标右键,如图 3-46 所示,点击"消除原片声音",则文件中只呈现背景音乐。

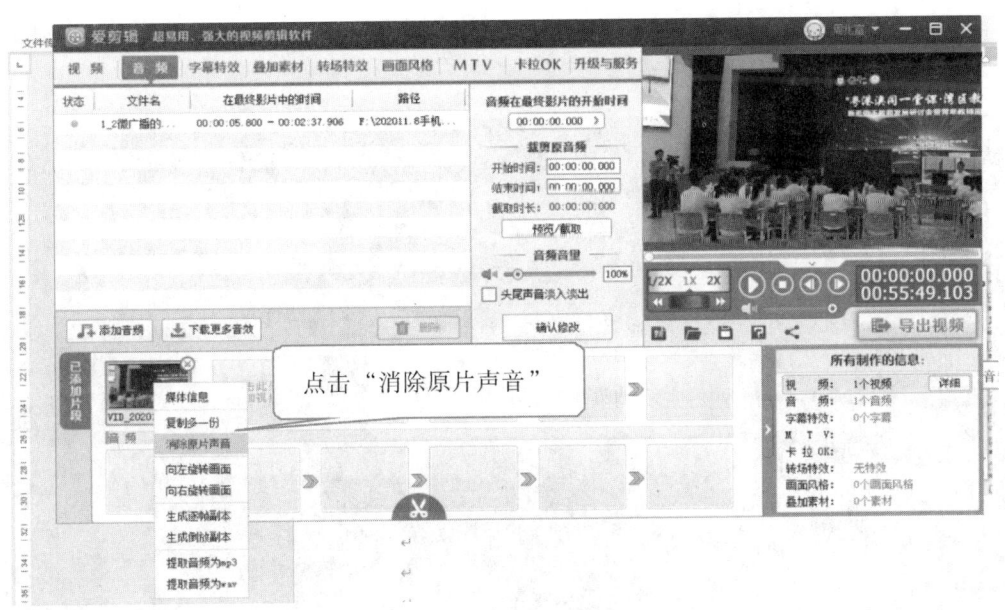

图 3-46

5)导出微课片头视频:如图 3-47 所示,点击爱剪辑界面中的"导出视频",弹出导出设置的对话框,对片头的"好莱坞片头""版权信息"和"画质设置"的相关参数进行设置,并确定导出文件名和导出路径。

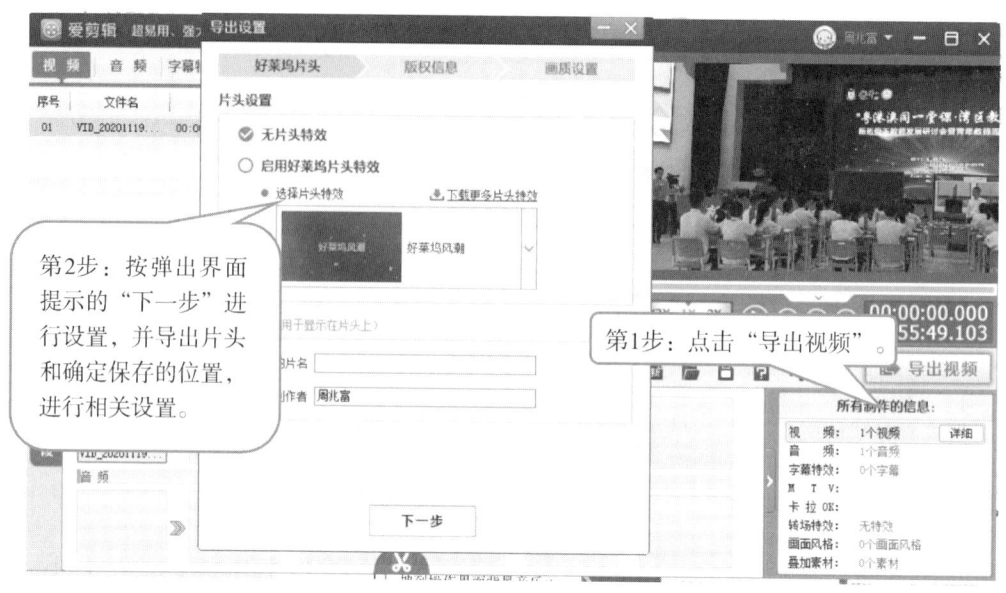

图 3-47

3.3.3 用"剪辑师"编辑微课

（1）编辑微课视频

1）打开剪辑界面：如图 3-48 所示，登录或注册"剪辑师"账号，点击"编辑"图标，进入编辑界面。

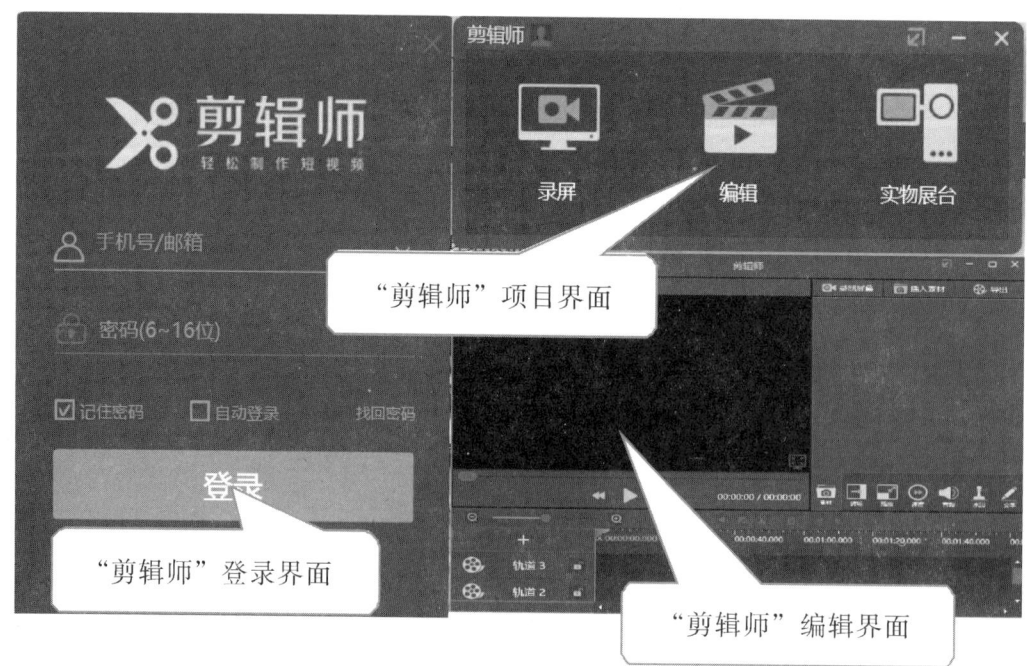

图 3-48

2)添加视频素材:在剪辑师界面的右上方点击"插入素材"按钮,将想剪辑的视频添加进来,如图 3-49 所示。添加完毕后,将视频文件拖到"轨道"上进行编辑,如图 3-50 所示。

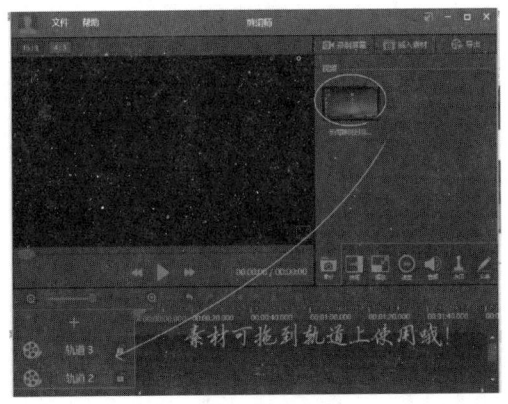

图 3-49

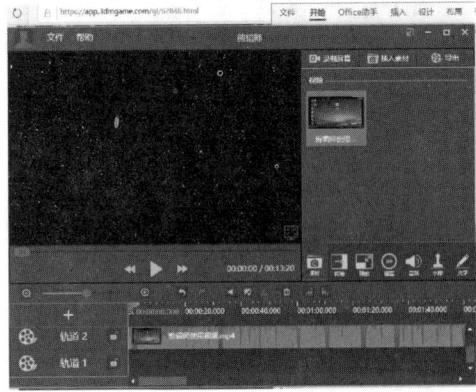

图 3-50

3)选取素材:如图 3-51 所示,在素材区轨道上,拖动进度条中 2 个黄色按钮来选中想要截取的片段,选取完毕后在该片段中点击鼠标右键,在弹出的选项中点击"生成选取的部分",如图 3-51 所示。

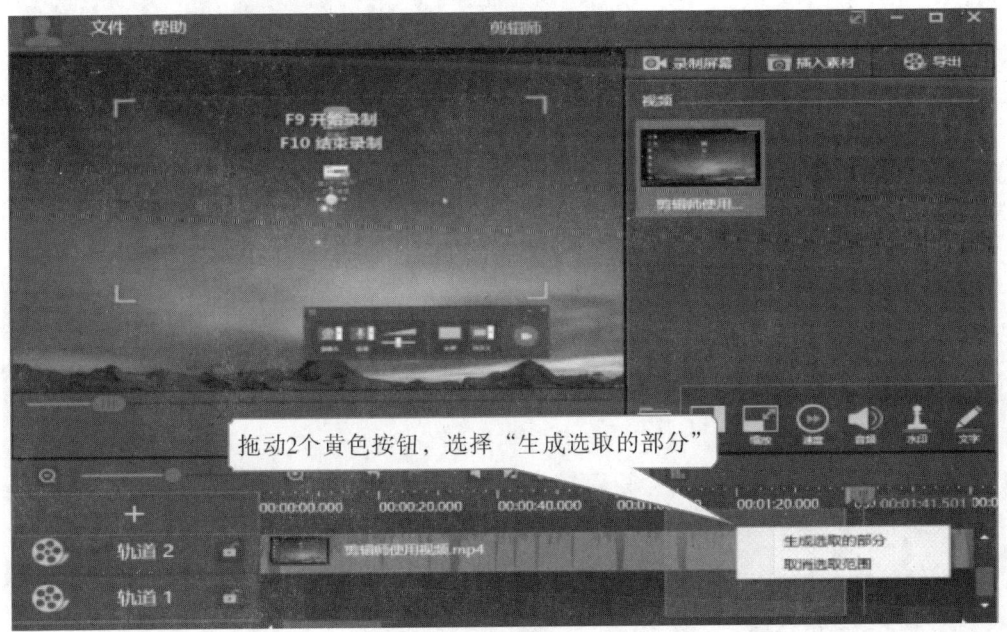

图 3-51

4)如图 3-52 所示,选择截取视频清晰度,在出现的界面选择保存文件的"文件夹""保存类型"及"文件名",点击保存,导出成功后有"用播放器打开"和"打开文件夹"2 个选项,微课视频文件编辑完成。

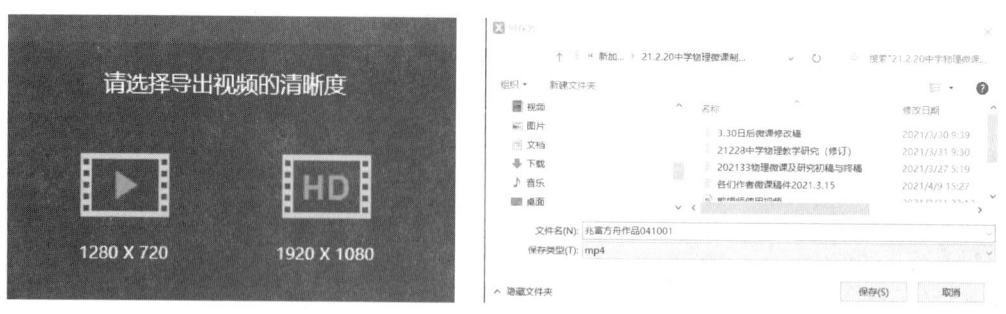

图 3-52

（2）编辑微课声音

1）提取声音：如图 3-53 所示，在已添加视频轨道上点击鼠标右键，在出现的下拉菜单中点击"分离音轨"，则视频中的声音同视频分离，并在下层轨道中出现声音的可编辑内容。

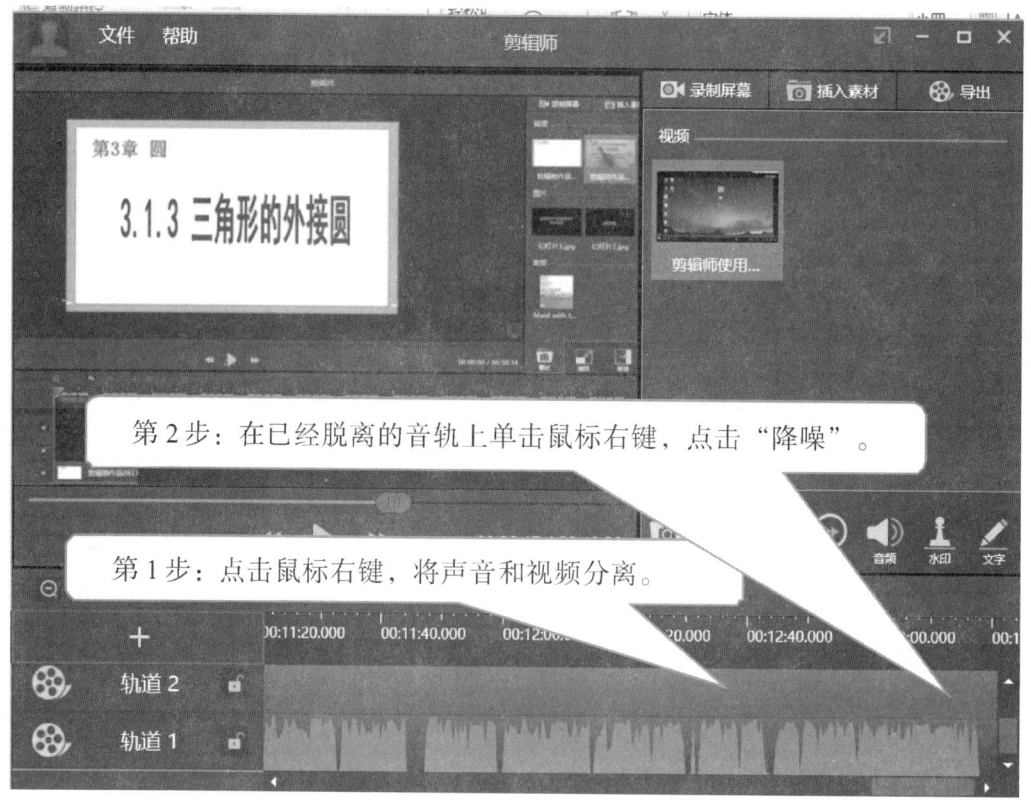

图 3-53

2）选取声音：如图 3-54 所示，点击"声音"按键对声音文件进行编辑。单击界面中的"标尺"，出现声音选取按键，选取或裁减声音，拖动选取的声部并调节其播放的位置。

第 3 章 微课制作实用技术

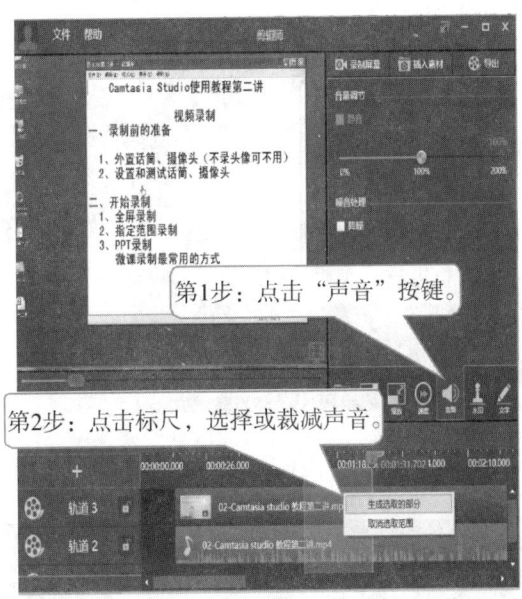

图 3-54

3)加入声音:如图 3-55 所示,如果对视频中的声音不满意,可在音轨中单击右键选择"静音",把已经录制好的声音文件拖到轨道上进行编辑。

图 3-55

(3)加入文字和水印

1)输入文字:如图 3-56 所示,点击"文字"按键,打开文字输入页面,输入和编辑文字,把编辑好的文字拖入轨道进行编辑。

2)水印设置:如图 3-57 所示,点击"水印"按键,在出现的对话框中输入相关的内容,点击"更新水印",完成水印的制作。

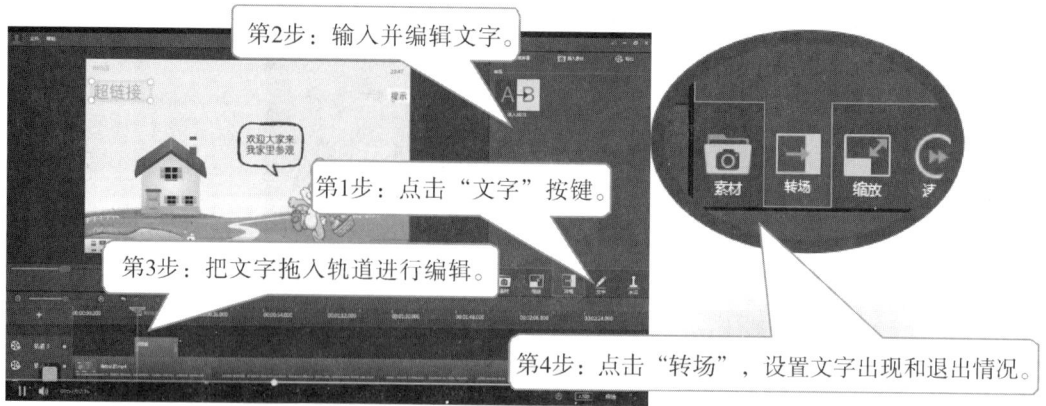

图 3-56

图 3-57

如果想要更大的水印,在插入图片文件,如图 3-58 所示,点击"插入素材"界面,插入所选图片文件,把缩略图片拖到最上面轨道,编辑其大小和所放位置,则完成水印的制作。

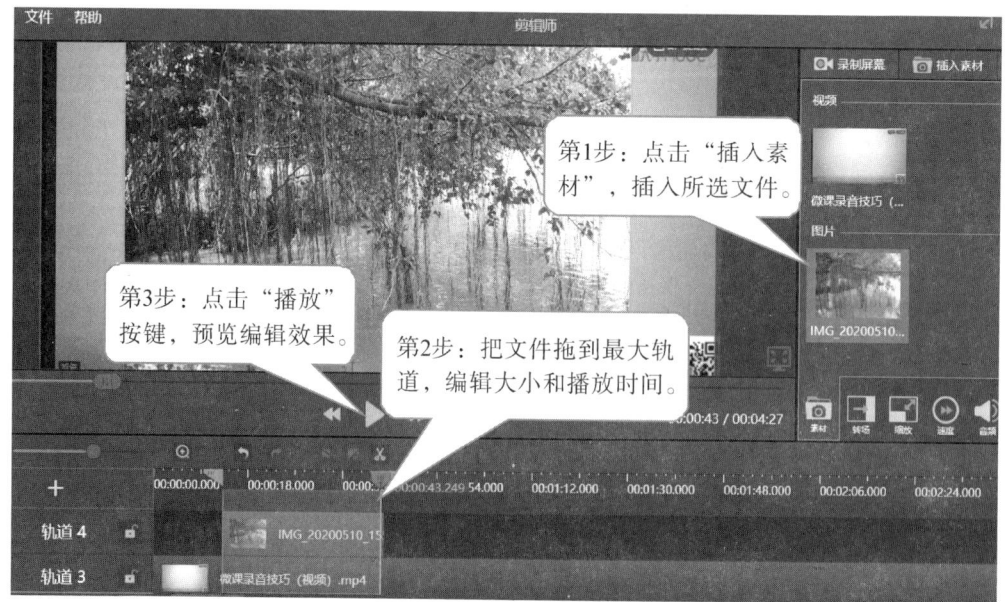

图 3-58

3.3.4 编辑微课视频参数和要求

作为拍摄和编辑微课的技术和艺术软件,教师需要做好"剪辑师"前期的拍摄、素材管理、视频参数、剪辑等工作流程的配合。

(1)拍摄阶段

微课视频拍摄需要了解后期对视频具体参数的要求,如文件格式、编码格式、画面尺寸、码率、色彩空间、采样格式等,只有在拍摄阶段使用了正确的视频参数,才能满足后期制作对画面尺寸和调色等要求。

(2)素材管理

对于较复杂的微课制作,如有多台摄像机参与拍摄,需要根据现场机位的数量确定携带的存储硬盘数量。另外,还要对前期拍摄视频的参数进行检查,多个摄像机拍摄时参数要统一。将视频从摄像机中拷贝到硬盘并做好记录,做好素材的备份和转码。将素材按日期、机位、卡建立不同文件夹进行管理,检查好所有素材,确保没有遗漏。

(3)视频参数

微课制作教师必须掌握一定的视频参数知识,特别是视频封装格式、编码格式、画面尺寸、码率、帧速率等基础和常用的参数等。

1)视频格式:微课视频格式一般为:MP4、MPEG、WMV,时长一般为 8 分钟,最长不宜超过 10 分钟。

2)码率:视频码率就是数据传输时单位时间传送的数据位数,一般用的单位是 kbps,即千位每秒。不同尺寸的视频,码率设置要求不同,"剪辑师"在渲染输出的时候,1080P 的视频码率至少需要 8M,720P 的至少要 6M。

3)画面尺寸:按画面的清晰度,将视频分为标清(720×576)、小高清 720P(1280×720)、1080P(1920×1280)、4K(4096×2160)。不是所有的视频都是按 16∶9 这样的常用比例播放的,需要根据实际播放的屏幕计算和设置画面大小,防止现场画面出现拉伸或是黑边的情况。

4)剪辑软件:软件是进行剪辑工作的工具,要了解和充分利用软件的各种功能处理问题。对于剪辑软件的使用,随着需处理的视频素材量越来越多,需要高效的操作,这需要教师精通一两个有关视频编辑的软件,学会用"爱剪辑""快剪辑""剪辑师""绘声绘影"等软件对微课进行剪辑和封装。

5)剪辑的流程:拿到素材→检查素材(视频文件、音频文件是否齐全,文件是否可用)→建立剪辑工程→整理项目面板中的素材(按音频、原素材等)→按成片参数要求建立序列→多机位视、音频做同步对位→做多机位嵌套→按脚本进行粗剪辑→粗剪完成后导演初审→精简→二次审核→进入下一制程。

6)镜头语言:剪辑需要不断地做判断和思考:先放什么镜头,这个镜头什么时候切出,为什么要加切出,下一个镜头从何处切入,切入的原因是什么。剪辑过程中可选的镜头很多,找到更好、更合适的镜头,有利于展示情感,使画面更加震撼、内容更加充实、反应更好。视频不仅仅是视觉画面,还有音频、声音可以给片子增加想象的空间和真实感。音频和视频同样很重要。

3.3.5 视频封装编码与上传

(1)视频封装

封装是把音频、视频、字幕等不同的信息进行集中,常见的封装格式有 avi、wmv、mov、mkv、MP4 等。平常我们看到的视频文件后缀都有诸如 MP4、rmvb、mkv、avi 等,这些是文件的扩展名,其实这背后也意味着文件的封装格式。封装相当于一种储存视频信息的容器。视频包含音频和视频 2 个部分(有时还包括字幕),常见的 H.264 就是视频编码,aaC、MP3 等是音频编码,把用 H.264 视频编码和 MP3 音频编码按照 MP4 的封装标准封装起来,这样看到的就是 MP4 格式的视频文件。封装格式并不影响画质,它只负责把内部的视频轨和音频轨集成在一起,并不对内容造成影响。

(2)视频编码

视频编码可以说是一个视频文件的核心所在,视频编码主流上有 2 个标准,一个是 H.26X 系列,另一个是 MPEG 系列。H.26X 包括 H.261、H.262、H.263、H.264、H.265。H.264 编码被广泛应用在视频的录制与压缩。H.265 则是在 H.264 的基础上进一步提升了图像质量,并且压缩率是 H.264 的 2 倍,被普遍认为是下一代编码标准。

MPEG 包括 MPEG-1 第二部分、MPEG-2 第二部分、MPEG-4 第二部分、MPEG-4 第十部分。MPEG-1 第二部分主要用在 VCD,MPEG-2 第二部分一般在数字电视和广播系统中应用得比较多。MPEG-4 第二部分则可以用在网络传输上,在压缩性能上也比前两代高。MPEG-4 第十部分和 H.264 的标准十分接近,2 个编码组织甚至合作将这个标准命名为 H.264/AVC。这是目前主流的编码格式,我们看的很多视频都是采用 H.264 编码。

(3)微课封装与上传到"知识视图"

1)微课的封装:根据学科特点,按照微课内容聚合模型(MLR)规范,把微课主体与配套素材有机地汇聚在一起,使微课具有碎片化、可视化、结构化、非线性等特征。

2)进入"知识视图":在"百度"搜索"知识视图"或在地址栏输入"http://www.zsgen.net/",进入佛山教育局创办的面向全国的线上学习交流平台的"知识视图"官网。

3)微课封装技术:在"知识视图"页面,点击"微课封装(上传)指南"播放微课,按"系统登录""知元创建""模板选择""资料填写""内容上传""节点设置""外观设置""微课发布"流程上传并发布微课。

第 3 章　微课制作实用技术

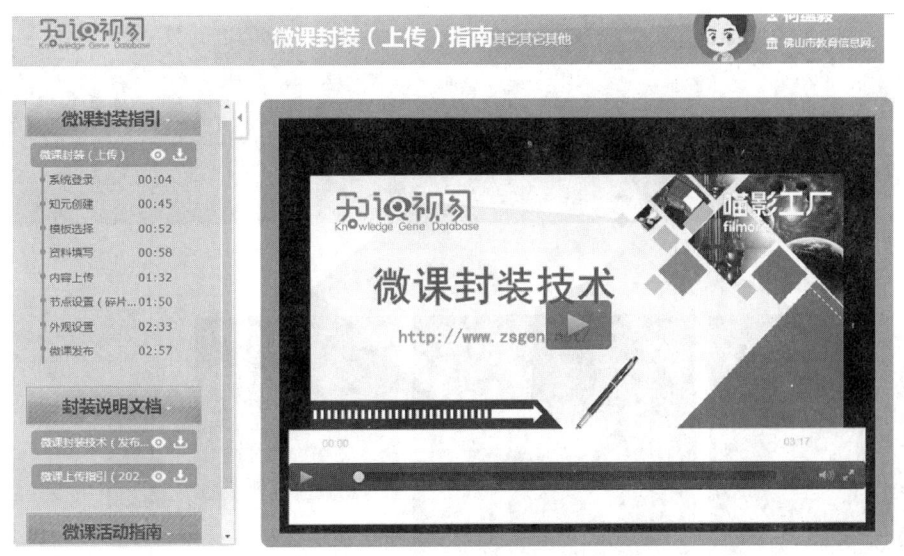

图 3-59

把微课上传到中国微课网：①登录中国微课网 http://dasai.cnweike.cn 并完成注册，填写相关信息。②上传微课，打开相关界面，在相关菜单下完成上传作品，如图 3-60 所示。

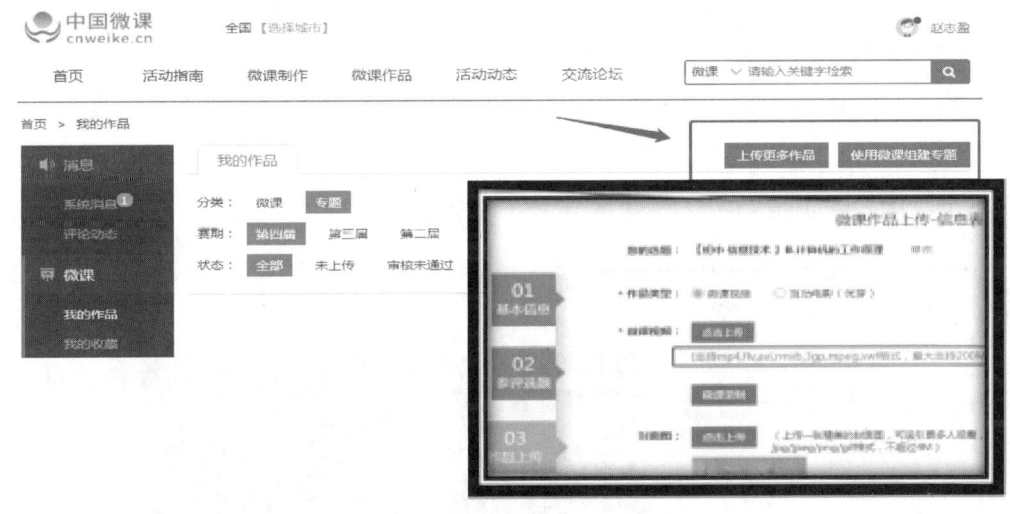

图 3-60

(4) 把微课上传到抖音平台

1) 利用抖音可以上传 1~15 分钟的微课视频。如图 3-61 所示，首先打开手机界面，然后点击"抖音短视频"图标，点击"我"选项，在打开的界面中，点击右上角的"≡"按钮。

2) 如图 3-62 所示，点击"创作者服务中心"，点击"视频管理"选项，点击"点击上传"，最后点击"发布视频"。

  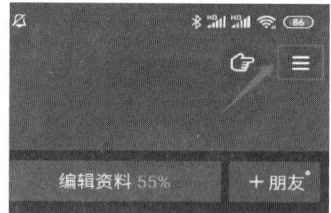

图 3-61

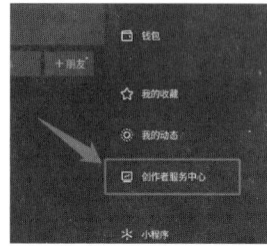 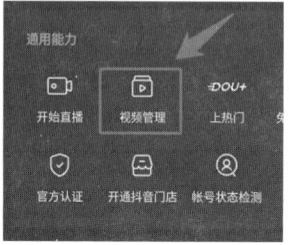 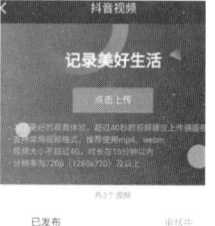 

图 3-62

3.4 微课暂停功能设置与应用

微课教学作为日常教学的补充、整理及拓展,巧用暂停键,能为课堂增添几份色彩,也能激发学生的学习兴趣,调动学生的积极性。在课堂教学过程中应用微课时,最关键的是设置视频暂停。受技术和软件的限制,若不能设置暂停,可运用软件的定格功能实现暂停,然后按住视频播放暂停键,进入师生互动环节,互动结束后,按教学进度要求点击播放键,继续播放微课视频。

3.4.1 用"爱剪辑"设置微课的定格(暂停)

1)打开"爱剪辑"软件,点击登录,进入"爱剪辑"界面,选择要播放的视频文件拖到软件视频区,如图 3-63 所示。

图 3-63

2）点击图3-63中的魔术功能,如图3-64所示,选择"定格画面"并点击。

3）如图3-65所示,输入定格时间,然后点击"确定",完成定格时间设置。

图3-64

图3-65

3.4.2 用"剪辑师"设置微课的定格(暂停)

1）打开"剪辑师"软件,登录后插入相关素材,如图3-66所示。把所选素材拖到轨道3,选择要分割的位置,点击分割按键✂,此时原视频文件被分割为2部分。

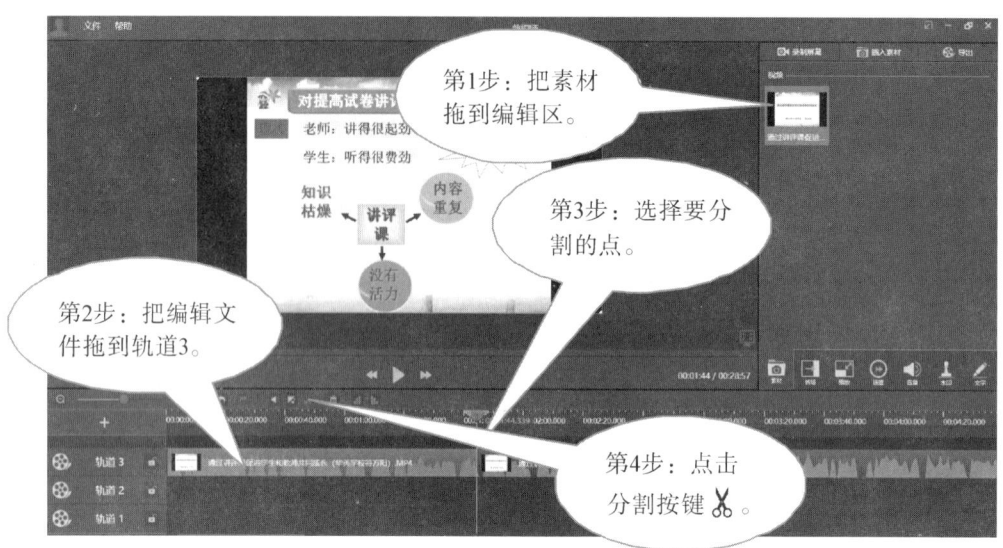

图 3-66

2）如图 3-67 所示，用鼠标点击后半部分视频文件，按住鼠标左键，拖动视频这部分文件向右运动，分割后两文件空白处为视频空置区域。

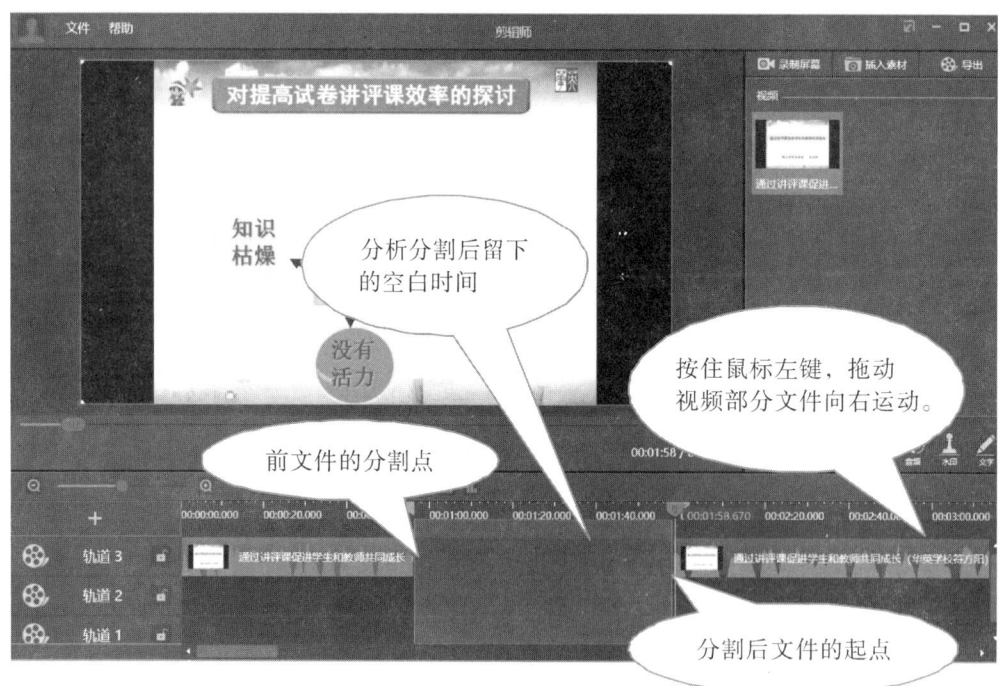

图 3-67

3）如图 3-68 所示，把准备好的图片文件用鼠标拖至素材区，再把图片文件拖到轨道 3 空白区图片所处位置，视频播放图片文件。

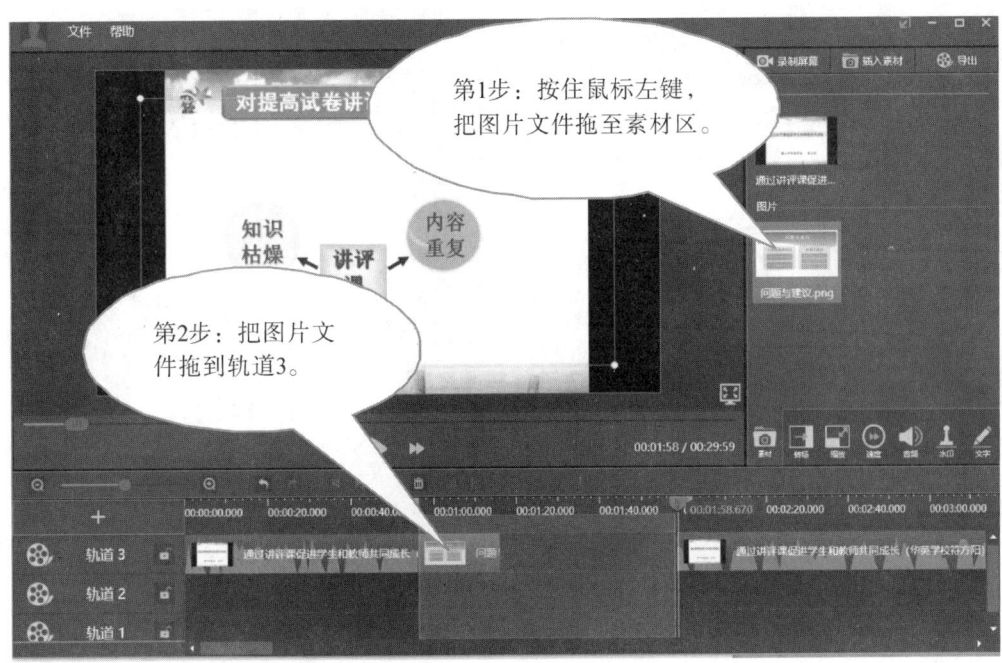

图 3-68

4）如图 3-69 所示，用鼠标按住图片文件右端并拖至空白区端点，图片定格时间为轨道 3 上图片所占据的时间段。

图 3-69

5）如图 3-70 所示，用鼠标右键点击选择编辑好的需要导出的文件部分，在出现的对话框中，选择点击"生成选取的部分"，出现"请选择导出视频的清晰度"对话框。

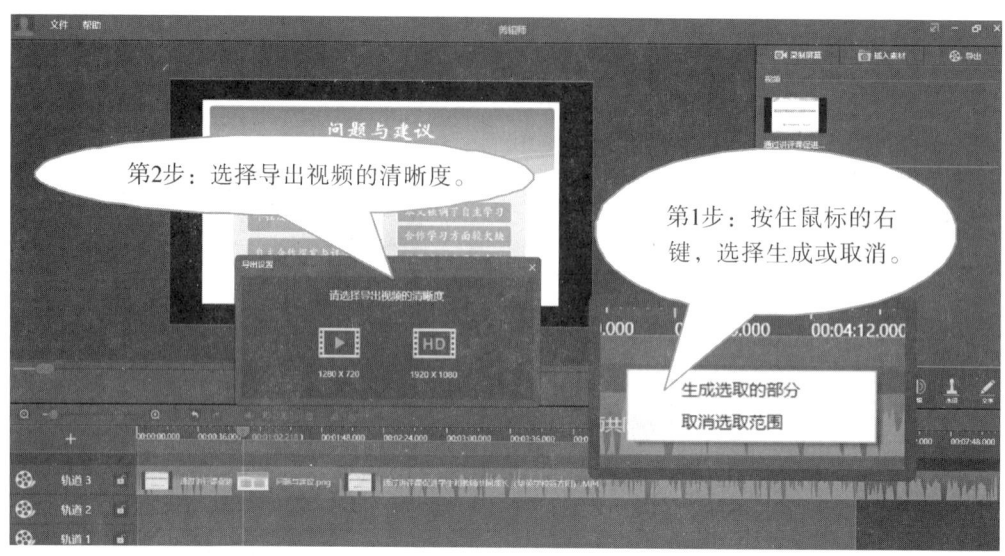

图 3-70

3.4.3 微课教学中暂停键的应用

在托里拆利实验的教学中,由于水银有毒且易挥发,在课堂教学过程中往往应用微课视频替代真实的实验。初中生对视频的记忆力大概在 1 分钟左右,托里拆利实验的微课视频大约在 3 分钟,如果模棱两可地将视频由头到尾播放一次,学生极大可能课后对实验的操作及重点毫无印象,因此需要用好暂停键,将实验拆分讲解,及时为学生补充该节点的重点及实验拓展。

教学中托里拆利实验微课暂停的应用:

(1)取 1 根长约 1 米的玻璃管(暂停)

教师:"为什么是用 1 米的玻璃管?用 0.5 米、1.5 米、2 米的行不行呢?"

解析:因为多次实验后,大气压强相当于 760 毫米汞柱所产生的压强,所以在以后的实验中,通常使用大约 1 米长的玻璃管,同时也是为了方便实验。

(2)在玻璃管中灌满水银(暂停)

教师:"为什么要灌满?灌一半行不行?"

解析:将玻璃管中的空气完全排出,使玻璃管内处于真空状态,防止里面有空气导致测量的大气压强不准确。

教师:"为什么灌的是水银?灌满水效果一样吗?"

解析:由马德堡半球实验已经知道,大气压强的数值非常大,而水银的密度比较大,方便实验。若灌满的物质是水,则玻璃管长度至少要 10 米,不便于进行实验。

(3)如图 3-71 所示,将灌满水银的玻璃管倒插在水银槽中,松手(暂停)

教师:"松开手后会有什么现象产生?为什么会有这个现象?实验时教师为什么戴塑料手套?"

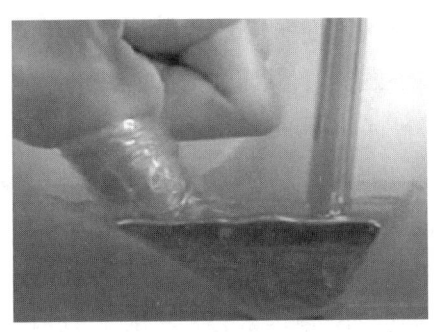

图 3-71

解析:由于大气压强不足以托起 1 米高的水银柱,故水银柱的液面会下降。

(4)当水银柱的液面不再下降(暂停)

教师:"此时水银柱的高度为多少?"

解析:此时水银柱的高度为 76.0 厘米。

教师:"为什么水银柱的高度不再下降?"

解析:说明此时大气压强就像一只无形的手,将 76.0 厘米高的水银柱托起,所以水银柱的高度不再下降。

教师:"如何计算出大气压强的大小呢?"

解析:$P_0 = \rho_{水银} gh = 13.6 \times 10^3 \times 0.76 = 1.01 \times 10^5$(帕)

教师:"玻璃管上半部分有没有压强呢?"

解析:由于上半部分处于真空状态,故上半部分没有压强。

(5)演示倾斜水银柱时水银柱的变化(暂停)

教师:"倾斜的过程中,你观察到了什么?"

解析:水银柱的长度随着玻璃管的倾斜慢慢变长。

教师:"倾斜后的水银柱,变化的是什么?不变的是什么?"

解析:变化的是水银柱的长度,不变的是水银柱的高度。

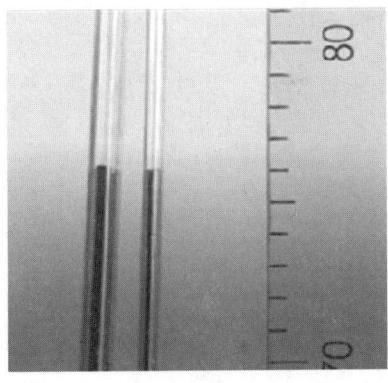

图 3-72

教师:"为什么水银柱的高度不变?长度会变?"

解析:由于水银柱产生的压强=大气压强的数值,故在大气压强不变的前提下,水银柱的高度是不会改变的。

(6)如图3-72所示,将粗玻璃管换为细玻璃管的变化(暂停)

教师:"为什么玻璃管的粗细不会影响水银柱的高度?"

解析:液体压强的大小与底面积的大小无关,只与液体的密度、深度有关。

拓展实验总结:水银柱高度的影响因素为大气压强,此时存在的等量关系为:大气压强=水银柱所产生的液体压强,故玻璃管上拉、下压、倾斜、粗细均不会影响水银柱的高度。将实验结果的影响因素与液体压强的影响因素紧密联系在一起,巧用暂停键可以让学生更加清晰明了地知道该实验的重点以及难点,为实验巧妙建立了超链接,可以轻松突破重点以及难点,提高课堂的教学效率。

第4章 中学物理演示实验微课设计与应用

演示实验因为器材大小、观察视角、实验时间等问题,使学生学习受限,合理制作和应用微课辅助教学有助于提升学习效果。

4.1 测量类演示实验制作与应用

微课不是课堂教学片段,不能脱离课堂的内在逻辑做简单生硬的切割;微课更不是整节课的浓缩版本,不应盲目求全。微课应该是呈现知识或技能链条中的热点、焦点、疑点或重点内容之一,是支持课程完整性的资源之一。微课的服务对象应该是学生,学生的需求才是微课存在的意义与价值。微课应该以减轻学习者认知成本与负担为目标,例如协助学生突破难点,变抽象为直观,激发兴趣,化繁为简,理清复杂思路等。

4.1.1 "特殊方法测密度"教学板书与教学流程

(1)"特殊方法测密度"教学板书

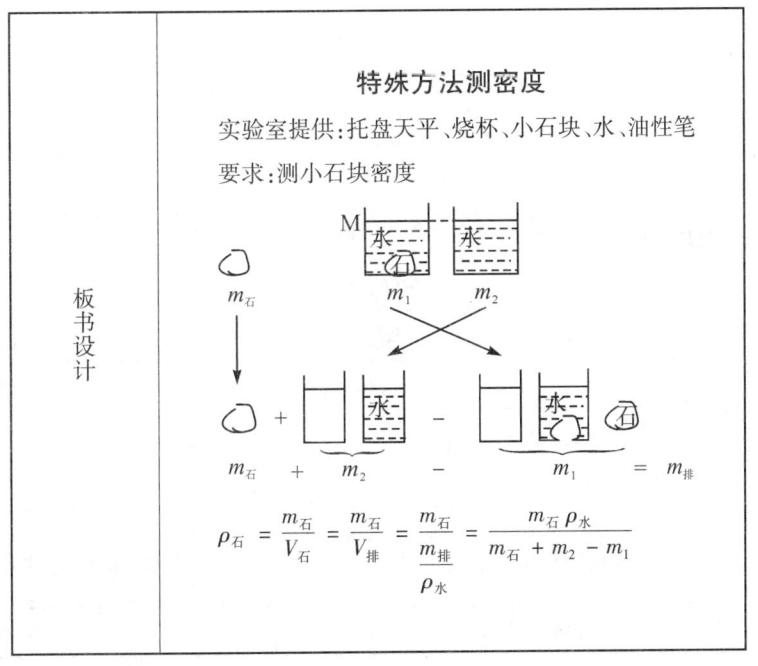

(2)"特殊方法测密度"教学流程

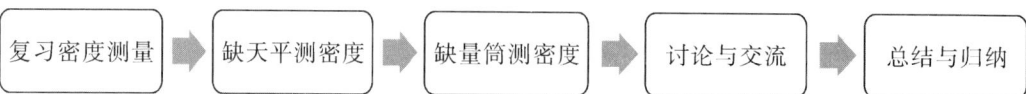

4.1.2 "特殊方法测密度"微课的任务清单与脚本

(1)"特殊方法测密度"微课学习任务清单

一、学习指南
课题名称:人教版《物理》八年级上册第六章第三节"测量物质的密度"
达成目标:通过实验及微课理解密度的特殊测量方法,会图解、会推导表达式
学法建议:利用微课节点暂停功能、图解功能,让学生理解密度的特殊测量方法
课堂学习形式预告:在微课的暂停与师生互动过程中学会密度的特殊测量方法
二、学习任务
1. 观察实验,画出测密度过程图
2. 在图解法同时推导测密度的表达式
三、资源链接
四、困惑与建议

(2)"特殊方法测密度"微课拍摄脚本设计

录制时间:　　年　月　　微课时间:　　分　秒

微课名称	测量物质的密度
知识点描述	在缺量筒的情况下,用天平测量固体密度
知识点来源	人教版《物理》八年级上册第六章第三节"测量物质的密度"
教学类型	新课教学及演示实验
适用对象	八年级学生
设计思路	通过演示实验视频暂停过程让学生理解密度的特殊测量方法

教学过程					
过程	内容	画面	声音	时间	备注
片头	课题	课件或视频文字	无	6秒	
实验与教学	图解特殊方法测密度	图4-1,图4-2	用简笔画记录实验步骤	41秒	
	分析、推导表达式	图4-3,图4-4,图4-5	用简笔画分析过程	16秒	
结尾	结论与问题清单			3秒	

4.1.3 "特殊方法测密度"微课内容、节点与教学应用

(1)"特殊方法测密度"微课的内容与节点

➤微课1."图解法测密度"实验的过程

◆观察所提供的实验器材(图4-1),思考:测量难点在哪里?

◆"特殊方法测密度"演示实验的图解步骤(图4-2)。

图4-1

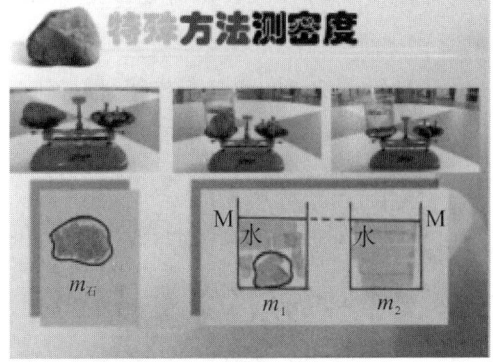

图4-2

➤微课1."图解法测密度"实验的声音和节点

◆教师画外音:观察实验室所提供的器材,从器材的角度思考要测量小石块密度,遇到的最大难题是什么?(节点1)由于缺乏量筒,小石块的体积成了测量过程中遇到的最大问题。

◆教师画外音:如何划分并简要记录实验步骤及细节?(节点2)完整测量一个物理量为一个步骤,用图解的方法记录步骤并注意细节。

(2)微课1.图解"特殊方法测密度"在教学中的应用

课堂教学过程:展示实验器材,说明实验目的。

老师按下暂停键问:与前面测量物质密度的实验比较,从器材上看,有什么差异?学生:有天平,可以测量小石块的质量,但是没有量筒,小石块的体积测量有困难。接下来学生会有目的、有侧重地观察演示实验的过程,并在观察过程中积极思考如何解决体积测量的难题。在此处设置"节点1"。

演示实验:用托盘天平测量小石块的质量。教师按下暂停键问:怎样算是一个完整的实验步骤?学生:可以把完整地测量一个物理量的过程定为一个实验步骤。提问:有没有什么办法可以简便易懂地记录复杂的实验步骤?学生:画个简图。在此处设置"节点2"。

演示实验:将小石块放入烧杯中,加入适量水使小石块浸没,用油性笔在烧杯上给水面做标记"M",用天平测量总质量 m_1。教师按下暂停键问:用简笔画记录该步骤需要注意什么细节?学生:小石块浸没在水中,烧杯内的液体是水,并标记烧杯中水面的位置

"M"。教师:还有吗?学生:用天平测的是总质量。在此处设置"节点3"。

演示实验:取出小石块,向烧杯中加水,直到水面达到标记"M"处,用天平测量总质量 m_2。教师按下暂停键问:用简笔画记录该步骤需要注意什么细节?学生:加水后水面也达到标记"M"处,用天平测的是总质量。在此处设置"节点3"。

【点评】从实验器材的角度着手,找差异,精准定位难点,让学生掌握这一类实验的思维切入点。让学生学会用简笔画图解实验步骤,让学生对实验步骤有直观的认识,注意到实验细节,也从整体上把握整个实验过程。

(3)微课2."图解分析步骤、推导表达式"的画面

◆认知冲突:表达式推导需要 $V_石$,但实验步骤中未测量(图4-3)。

◆图解分析实验步骤,发现 $V_石 = V_排$(图4-4)。

◆图解如何利用测量的物理量 m_1 和 m_2 得到 $m_排$(图4-5)。

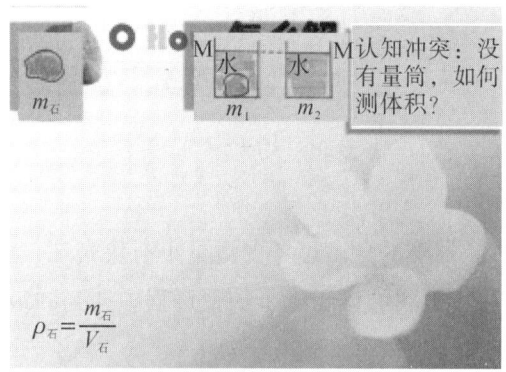

图4-3

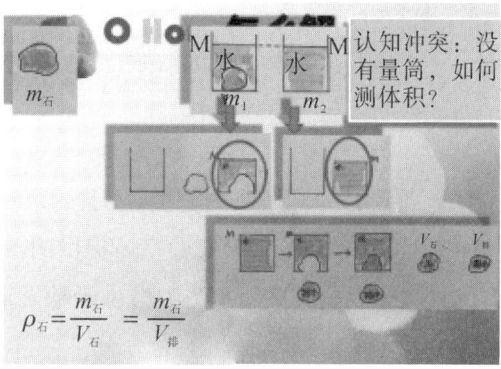

图4-4

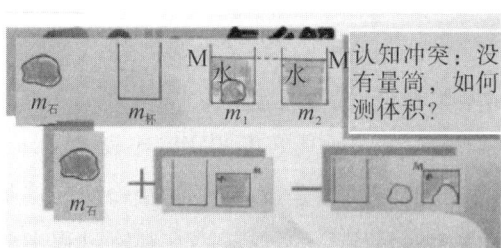

图4-5

➤微课2."图解分析步骤、推导表达式"的声音

◆教师画外音:表达式推导需要 $V_石$,但实验步骤中只测了2个质量,怎么办?(节点1)

◆教师画外音:图解分析2个实验步骤,对比2个步骤中的水的体积有什么发现?(节点2)$V_石 = V_排$。

◆教师画外音:如何利用测量的物理量 m_1 和 m_2 计算得到 $m_{排}$?(节点3)

(4)微课2."图解分析实验步骤"在教学中的应用

课堂教学过程:展示图解实验步骤,推导小石块密度表达式。教师按下暂停键问:表达式中需要的物理量是否都进行了测量?学生:小石块的质量已经通过天平进行了测量,但体积未直接测量。在此处设置"节点1"。

图解实验步骤中测量的2个质量。教师按下暂停键问:对比2个测量的质量的分析图,能否找到 $V_{石}$ 的解决办法?学生:对比分析图中 m_1 和 m_2 中的水,发现 m_1 中的水比 m_2 中的水少了一部分,这部分水设为"排水",而排水体积和石块体积刚好相等,即 $V_{石} = V_{排}$。在此处设置"节点2"。

公式推导,只要解决 $m_{排}$,就可以解决 $V_{石}$ 的问题。教师问:观察分析图如何利用已测的物理量推算出 $m_{排}$?学生:$m_{石} + m_2 - m_1 = m_{排}$。在此处设置"节点3"。

【点评】用图解的方法,能够让学生非常直观地观察到如何对实验步骤中测量的物理量进行进一步细分,并通过观察,思考细分后的物理量与需要解决的 $V_{石}$ 之间存在什么样的联系,推进表达式的推导,并最终解决问题。通过图解的方法,把原来比较抽象的物理量形象化,让学生的思考过程可视化,更容易掌握思考问题的方法,也有利于知识的迁移。

4.1.4 "特殊方法测密度"微课制作的软、硬件和流程

(1)微课1和微课2制作所需软硬件

①平板电脑或电脑、智能手机(DV或录像机)、小型三脚架;②演示实验所用大烧杯、小石块、托盘天平、水、油性笔;③视频编辑软件,如"剪辑师""爱剪辑""快剪辑"等。

(2)"特殊方法测密度"微课的制作流程

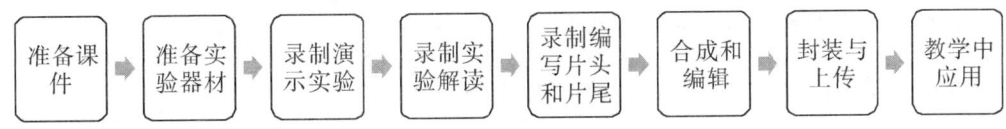

4.2 验证类演示实验微课的制作与应用

演示实验是创造理想物理实验情境、激发学生兴趣的有效手段,是教学中最具活力的因素之一,具有鲜明性、趣味性和启发性的特点。鲜明、直观、新奇、刺激的实验现象,可以为学生学习提供系统的感性材料,创设出理想的物理情境,充分发挥教师的引导和示范作用,调动学生的积极性、主动性,引导学生观察、思考、探索。①当学生对研究对象有了一定的了解,并形成了一定的认知或提出了某种假说,通过演示实验,验证这种认知或假说是否正确,培养学生的实验操作、数据处理等技能,对提高教学效果具有重要

---

① 姜成果.物理教学中演示实验的作用[J].大学物理实验,2006(3).

作用。

4.2.1 "大气压强"教学板书与教学流程

（1）"大气压强"板书

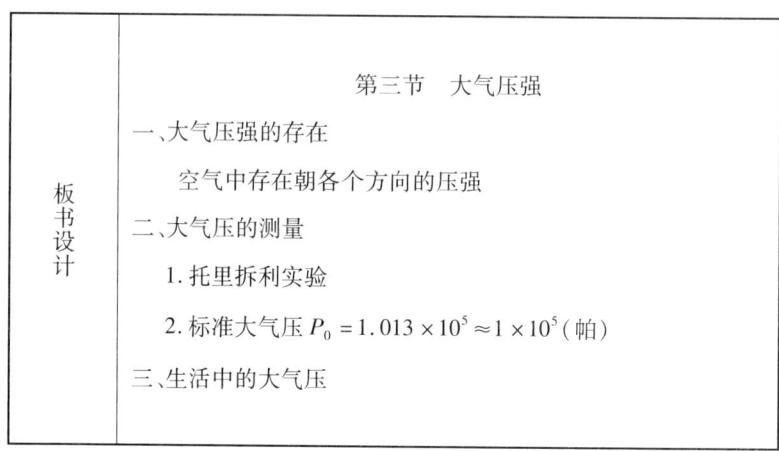

（2）"大气压强"教学流程

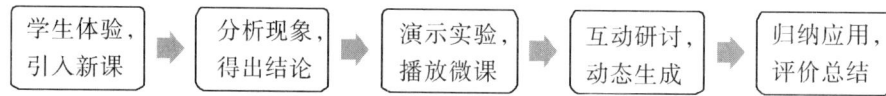

4.2.2 "大气压强"微课的任务清单与脚本

（1）"大气压强的存在演示实验"微课学习任务清单

一、学习指南

课题名称：人教版《物理》八年级下册第九章第三节"大气压强"

达成目标：通过演示实验及微课理解大气压强的存在

学法建议：利用微课碎片化和节点暂停功能理解大气压强的存在

课堂学习形式预告：在教学过程中插入微课，利用暂停功能，在师生互动过程中学习

二、学习任务

  1. 判断大气压强是否存在

  2. 说出生活中哪些现象与大气压强有关

三、资源链接

四、困惑与建议

(2)"大气压强的存在演示实验"微课拍摄脚本设计

录制时间： 年 月 **微课时间：** 分 秒

微课名称	大气压强
知识点描述	空气中存在朝各个方向的压强
知识点来源	人教版《物理》八年级下册第九章第三节"大气压强"
教学类型	新课教学及演示实验
适用对象	八年级学生
设计思路	通过演示实验视频暂停与慢镜头过程让学生直观认识汽化液化

教学过程

过程	内容	画面	声音	时间	备注
片头	课题	课件或视频文字	无	9秒	
实验与教学	覆杯实验	图4-6,图4-7,图4-8,图4-9,图4-10	教师解读	38秒	
	失败的覆杯实验	图4-11,图4-12,图4-13,图4-14	教师解读	45秒	
结尾	结论与问题清单				

4.2.3 "大气压强的存在"微课内容、节点与教学应用

(1)"覆杯实验"微课的内容与节点

➤微课1."覆杯实验"的画面

◆提出问题(图4-6)。

◆教师做覆杯实验(图4-7)。

◆杯中装部分水做覆杯实验(图4-8)。

◆教师做装满水时的覆杯实验(图4-9)。

◆分析现象,得出原因(图4-10)。

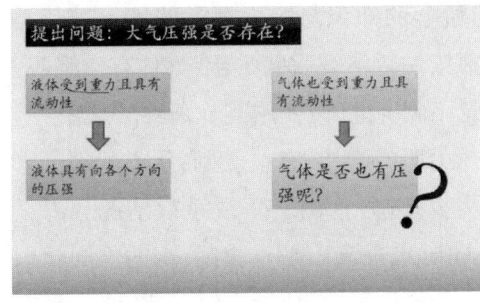

图4-6

图4-7

现象：把手放开后，水没有流出来。
分析：纸片受到空气向上的托力。
结论：大气压强是存在的。

图 4-8　　　　　　　　　　　　图 4-9

现象：把手放开后水不会流出来。
原因："内部气体压强+水的压强=大气压强"，纸片微小形变及水的表面张力使内部气体压强减小。

图 4-10

➤微课 1．"覆杯实验"的声音和节点
◆教师画外音：气体有压强吗？（节点 1）
◆教师画外音：纸板盖在杯口，将杯子倒置，纸板会掉下来吗？（节点 2）
◆教师画外音：纸板盖在装满水的杯口，将杯子倒置，纸板会掉下来吗？（节点 3）
◆教师画外音：你猜对了吗？纸板为什么没有掉下来？（节点 4）

➤微课 1．"覆杯实验"的声音和节点
◆教师画外音：气体有压强吗？（节点 1）
◆教师画外音：放手后纸片落下来了吗？（节点 2）
◆教师画外音：如杯里水没装满，放手后纸片会落下来吗？（节点 3）
◆教师画外音：纸片为什么落下来？（节点 4）

（2）微课 1．"覆杯实验"在教学中的应用

在探究类课堂教学过程中，教师可以将之前所学的知识与今天要学的知识进行类比，引发学生的思考。在此处设置"节点 1"。教师按住暂停键后问学生：气体有压强吗？学生：气体有压强。学生：气体没有压强，我都感觉不到。老师：要用实验来验证猜想。

教师按下暂停键后问：杯子里的水对纸片有压力吗？学生：有。教师：压力朝哪个方向？学生：水由于受到重力，对纸片有向下的压力。教师：猜测一下放手后情况会怎么样？学生：放手后，纸片由于受到压力会落下来，同时水也流出来。教师：真的像同学们猜测的那样吗？教师继续播放微课。画面中的手慢慢移开，纸片没有落下来，水也没有流出来。在此处设置"节点 2"。

教师按下暂停键问:放手后纸片落下来了吗? 水流出来了吗? 学生:纸片没有落下来,水也没有流出来。教师:和纸片下方接触的是什么? 学生:是空气。教师:杯子里的水对纸片有向下的压力,纸片为什么不落下来? 学生:外界空气也会给纸片一个向上的压力。教师:压力与压强之间关系的公式是什么? 学生:$F=ps$。教师:纸片静止,此时受到向下的力和空气向上的压力大小关系怎么样? 学生:相等。教师:这些力的受力面积相同吗? 学生:相同。教师:说明了什么? 学生:说明空气对纸片向上的压强等于纸片受到向下的压强,是大气压强把纸片托住了,因此大气压强是存在的。教师将纸片盖在装有少量水的空杯子上,倒扣过来。在此处设置"节点3"。

教师按下暂停键问:如果杯里水没装满,放手后纸片会落下来吗? 学生:水会流出来,纸片会掉下来。放手后,纸片并没有掉下来。教师解释:根据压强变化情况,"内部气体压强+水的压强=大气压强"可达到平衡状态。少量水,在杯子倒过来后纸片会向下凸起,导致杯子内空气体积增大,压强降低。另外,由于液体表面的张力作用,也会使液体微小下移并不溢出,使内部气体压强减少,导致纸片并不会落下。

【点评】本微课在教学应用过程中,教师先通过演示空杯子盖纸片实验,让学生得出纸片落下来的原因是由于受到向下的重力。接着向学生抛出新问题:如果杯子里装满水,情况会怎么样? 让学生猜测与思考。通过微课中的实验,引发学生的认知冲突,使学生迫切想知道水到底会不会落下来。在播放微课的过程中,通过节点1、节点2的暂停,让学生说出现象、分析原因、得出结论。而通过节点3暂停,提出更高层次的问题让学生进一步猜测与思考,在学生思考与师生互动过程中,使本节课"空气中存在朝各个方向的压强"这一重点知识得到了突破。

(3)"失败的覆杯实验"微课的内容与节点

➢微课2."失败的覆杯实验"的画面

◆说明要做失败的覆杯实验(图4-11)。

◆教师做失败的覆杯实验(图4-12)。

◆展示杯子底部的小孔(图4-13)。

◆分析现象,得出结论(图4-14)。

实验:右手拿着杯子,在杯子里装满水,用一张纸盖住杯口,用左手按住纸片,迅速倒置过来。把左手放开,观察现象。

图4-11   图4-12

| 图 4 – 13 | 图 4 – 14 |

现象：把按住小孔的手放开，纸片落下来。
分析：外界空气从小孔进入杯子里，纸片上表面受到的压力比下表面大。

➤ 微课 2. "失败的覆杯实验"的声音和节点

◆ 教师画外音：把按住纸片的手放开后，纸片真会落下来吗？（节点 1）

◆ 教师画外音：纸片掉下来了吗？（节点 2）

◆ 教师画外音：杯子底部有什么特点？瓶内的气压会变化吗？（节点 3）

(4) 微课 2. "失败的覆杯实验"在教学中的应用

教师在课堂上拿出一个杯子问：如果杯子里装满水，盖上纸片并用左手按住，倒扣过来把左手移开后，纸片会落下来吗？由于微课 1 中已经演示过这个实验，学生异口同声回答：纸片不会落下来。这时，教师播放"失败的覆杯实验"微课。画面中教师一只手按住纸片，一个手指按住杯底，当播放到杯子倒扣过来时，在此处设置"节点 1"。

教师按下暂停键问：把按住纸片的手放开后，情况会怎么样？纸片真的不会落下来吗？学生坚定地回答：不会落下来。教师继续播放微课。画面中拿开按住杯底的手指，扶住杯子，再将按住纸片的手放开后，纸片落了下来。在此处设置"节点 2"。

教师按下暂停键问：纸片落下来了吗？学生：落下来了。教师：同样是装满水，上次实验纸片没有落下来，为什么这次实验纸片却落了下来？说明了什么？学生：说明了此时纸片上、下表面受到的压力不同。教师：哪个表面受到的压力大？学生：上表面。教师：为什么？同学们想知道其中的奥秘吗？教师继续播放微课。画面中教师把按住杯底的手放开，出现杯子底部的特写。在此处设置"节点 3"。

教师按下暂停键问：杯子底部有什么特点？学生：杯底钻了个小孔。教师：把按住小孔的手放开，杯子内的气压会变化吗？学生：会变大。教师：为什么？学生：外界空气从杯底的小孔进入杯子里。教师：你现在能解释为什么纸片会落下来了吗？学生：纸片上下表面受到的空气压力相同，由于还有水的压力，导致纸片上表面受到的压力比下表面大，纸片会落下来。教师：本实验说明了什么？学生：说明了大气压是存在的。教师：你能用纸片的受力情况来说明吗？学生：纸片的上表面受到的压力为 $F_上 = P_{大气压}S + \rho ghS$，纸片的下表面所受的压力为 $F_下 = P_{大气压}S$，则有 $F_上 > F_下$，纸片会掉下来。

【点评】本微课在教学应用过程中，面对"节点 1"的暂停键，由于有了微课 1 的基础，学生一开始都认为纸片不会落下来。随着微课的继续播放，在"节点 2"设置暂停键，目的是让学生在观看实验的过程中发现实验现象与预测的结果出现较大的偏差,引起学生思考与推测,学生迫切想知道其中的原因,让学生对物理课永远都充满"期待"。在微课继续播放过程中,利用"节点3"的暂停键,引导学生注意观察杯子底部,当学生发现杯子底部有个小孔后,马上想到里面混入了空气,从而得出"纸片上、下表面受到的空气压力相同,纸片会在水的压力下落下来"的结论。学生在完成问题清单的过程中,本节学习的生成目标已经达到。

4.2.4 "大气压强"微课制作软、硬件和流程

(1) 制作微课1和微课2所需软、硬件

①平板电脑或电脑、智能手机(DV或录像机)、小型三脚架;②杯子、硬纸片、水;③视频编辑软件,如"剪辑师""爱剪辑""快剪辑"等。

(2) "大气压强"微课制作流程

准备课件 → 准备实验器材 → 录制演示实验 → 录制实验解读 → 录制编写片头和片尾 → 合成和编辑 → 封装与上传 → 教学中应用

4.3 探究类实验的微课制作与应用

在演示实验教学过程中,教师要积极创新物理演示实验的教学思路,通过实验及微课内容设计,培养学生良好的实验探究能力、创新思维能力和实际操作能力,推动初中学生在学习物理知识过程中的全面发展。①

4.3.1 "声音的产生与传播"教学板书与教学流程

(1) "声音的产生与传播"板书

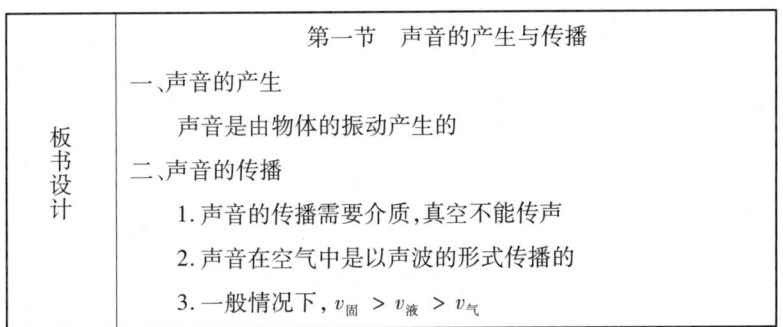

板书设计

第一节　声音的产生与传播

一、声音的产生
　　声音是由物体的振动产生的
二、声音的传播
　　1. 声音的传播需要介质,真空不能传声
　　2. 声音在空气中是以声波的形式传播的
　　3. 一般情况下,$v_{固} > v_{液} > v_{气}$

(2) "声音的产生与传播"教学流程

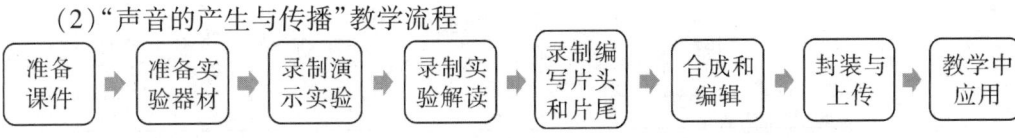

准备课件 → 准备实验器材 → 录制演示实验 → 录制实验解读 → 录制编写片头和片尾 → 合成和编辑 → 封装与上传 → 教学中应用

---

① 李军社.浅谈初中物理演示实验的教学模式[J].科学咨询(科技·管理),2020(41).

4.3.2 "声音的产生与传播"微课的任务清单与脚本

(1)"声音是由振动产生的演示实验"微课学习任务清单

一、学习指南

课题名称:人教版《物理》八年级上册第二章第一节"声音的产生与传播"

达成目标:通过演示实验及微课找到声音产生的原因及规律

学法建议:利用微课碎片化和节点暂停功能,设置师生问答,以探究声音产生的原因

课堂学习形式预告:在教学过程中插入微课,在师生互动过程中寻找规律

二、学习任务

 1.说出声音是如何产生的

 2.找到声音和振动有什么关系

 3.说出声音在固、液、气体中传播速度的关系

三、资源链接

四、困惑与建议

(2)"声音是由振动产生的演示实验"微课拍摄脚本设计

录制时间: 年 月 **微课时间:** 分 秒

微课名称	声音的产生与传播
知识点描述	声音是由振动产生的,声音和振动同时产生、同时消失
知识点来源	人教版《物理》八年级上册第二章第一节"声音的产生与传播"
教学类型	新课教学及演示实验
适用对象	八年级学生
设计思路	通过演示实验放大与视频暂停过程让学生找到规律

教学过程					
过程	内容	画面	声音	时间	备注
片头	课题	课件或视频文字	无	9秒	
实验与教学	乒乓球被音叉弹开	图4-15,图4-16,图4-17	解读与音叉发声	33秒	
	敲鼓铁钉弹起	图4-18,图4-19,图4-20,图4-21,图4-22	解读与鼓声	30秒	
结尾	结论与问题清单				

4.3.3 "声音是由振动产生的"微课内容、节点与教学应用

(1)"乒乓球被音叉弹开"微课的内容与节点

➤微课1."乒乓球被音叉弹开"的画面

◆小锤敲击音叉后声音的产生与传播的示意图,如图4-15所示。

◆教师做敲击音叉乒乓球被弹起的演示实验,如图4-16所示。

◆乒乓球被音叉弹起演示实验后的实验结论展示,如图4-17所示。

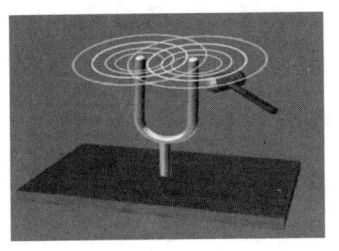
图4-15 敲击音叉发出传播声

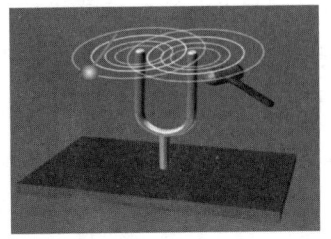
图4-16 敲击音叉乒乓球被弹起

图4-17 展示实验结论

➤微课1."乒乓球被音叉弹开"的声音和节点

◆教师画外音:敲击音叉发声时能看到音叉振动吗?(节点1)

◆教师画外音:乒乓球为什么会被音叉弹起来?(节点2)

◆教师画外音:将不易观察的现象变得更明显、更直观的方法,叫什么方法?

(2)微课1."乒乓球被音叉弹开"在教学中的应用

教师演示小锤敲击音叉的实验,在音叉发出声音时让学生观察。教师问:同学们能看到音叉振动吗?学生:不能。教师把放大的发声的音叉用视频微课展示出来,学生只能听到声音,还是看不清音叉的振动。在此处设置"节点1"。

教师按下暂停键问:看到、听到什么?学生回答:能听到音叉发出的声音,看不出音叉的振动。教师:有办法看到音叉的振动吗?学生:把乒乓球靠近音叉。教师继续播放微课。画面中,让音叉的不同位置与乒乓球接触,乒乓球被弹起得很高。在此处设置"节点2"。

教师按下暂停键问:乒乓球为什么会弹起来?学生:是因为音叉振动把乒乓球弹起

来了。教师:这说明了什么？学生:声音是由振动产生的。教师:你能看到音叉的振动吗？学生:不能。教师:你是怎么知道声音是由振动产生的？学生:音叉把乒乓球高高弹起,由此推断音叉发声时在振动,所以我认为声音是由振动产生的。教师:我们把无法看到的现象放大后表现的方法叫什么方法？教师按下暂停键让学生思考。学生:放大法？转换法？教师:转换法。

【点评】教师在微课与真实实验的展示过程中,用微课把实验无法看到的声波传播过程、音叉振动弹起乒乓球的过程进行了展示,填补了实验无法完成的空白。通过几个节点的暂停和师生互动,让学生思考并找到问题的结论;提出微课以外的问题让学生思考,在学生思考与师生互动过程中,本节课"声音是由振动产生的"这一核心知识得到了突破,使学生在看到振动的同时听到了声音。

(3)"敲击小鼓铁钉振动"微课的内容与节点

➤微课2."敲击小鼓铁钉振动"的画面

◆说明要做敲击小鼓铁钉振动实验(图4-18)。

◆敲击小鼓发出声音(图4-19)。

◆敲击小鼓铁钉振动(图4-20)。

◆分析声音产生原因(图4-21)。

◆实验的总结和分析(图4-22)。

- 实验：敲击小鼓,我们可以听到鼓声。
- 现象：鼓面上的小钉子被振了起来。

图4-18

图4-19

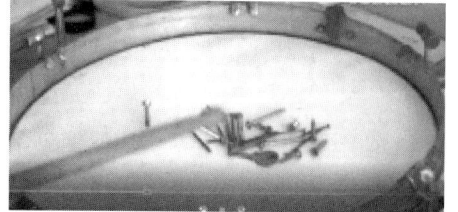

图4-20

- 实验：敲击小鼓,我们可以听到鼓声。
- 现象：鼓面上的小钉子被振了起来。
- 分析：鼓面发声时,在振动。

图4-21

第4章 中学物理演示实验微课设计与应用

> 思考：用锤子敲音叉，音叉就发声；若用手按住音叉，声音消失。试解释这一现象。
>
> 总结：声音是由物体的振动产生的，振动停止，发声也停止。

图4-22

➤ 微课2."敲击小鼓铁钉振动"的声音与节点

◆教师画外音：敲鼓发声说明什么？能看到振动吗？（节点1）

◆教师画外音：在鼓面上放钉子，敲击鼓面时钉子会怎样？（节点2）

◆教师画外音：鼓面上的钉子都跳了起来，这说明什么？（节点3）

◆教师画外音：鼓面振动的同时发出声音。当我把手放到鼓面停止其振动时，还能听到鼓声吗？为什么？（节点4）

(4) 微课2."敲击小鼓铁钉振动"在教学中的应用

教师在课堂上用鼓槌敲击鼓面之前，先提问学生：当我敲击鼓面时，你能听到声音吗？学生：能。教师：能看到鼓面振动吗？学生：不能。教师做敲击鼓面的实验，学生听到声音看不到鼓面振动，教师播放微课中敲鼓发声后还是看不到鼓面的振动，但面对"节点1"的暂停，学生有了声音是由振动产生的结论，推测鼓面振动。面对"节点2"的问题，此时按暂停键，学生会做出在鼓面上放置小物体的判断。继续播放微课，在鼓面上放置铁钉，敲击鼓面铁钉会被弹起（在课堂可同时做真实的同类实验）。面对"节点3"的问题，学生会得到"声音是由振动产生的，钉子跳起来是运用了转换法，通过铁钉的跳动，说明鼓面在发声的同时振动"的结论。在微课播放到用手压住正在振动的鼓面，声音停止同时铁钉也停止振动的实验时（在课堂可同时做真实的同类实验），面对"节点4"的问题，学生会得到"声音是由振动产生的，振动停止，发声也停止"的结论，也就是"声音和振动同时存在、同时产生、同时消失"的结论。

【点评】把演示实验和微课在教学过程中同时展示，绝不能用微课中的实验视频替代真实的实验。微课的播放与真实实验同步，用微课的暂停和实验的分步进行，让学生有充分思考问题的时间，用微课填补实验中不能完成的内容。在教学的应用过程中，让学生看到声音虽然是由振动产生的，但事实上有些振动是很难观察到的。同时，结合微课1的经验，有了用转换法把振动放大到可观测的想法，于是有了"节点2"的设置。当微课继续播放时，在"节点3"有了"声音和振动同时存在、同时产生、同时消失，但声音不一定立刻消失"的结论，实验与探究的目的在微课播放和暂停过程中得到了落实。学生在完成问题清单过程中，本节学习的生成目标已经达到。

4.3.4 "声音的产生与传播"微课制作软、硬件和流程

(1) 制作微课 1 和微课 2 所需软、硬件

①多媒体电脑、智能手机(DV 或录像机)、小型三脚架;②乒乓球、音叉、铁架台、细线、小鼓、铁钉、小锤;③视频编辑软件,如"剪辑师""爱剪辑""快剪辑"等。

(2) "声音的产生与传播"微课的制作流程

准备课件 → 准备实验器材 → 录制演示实验 → 录制实验解读 → 录制编写片头和片尾 → 合成和编辑 → 封装与上传 → 教学中应用

第 5 章　中学物理学生实验微课制作与应用

5.1　测量类学生实验微课制作与应用

测量类实验作为物理实验教学的重要组成部分,也是中考、高考的重要考点,对实验操作要求较高,要求学生明确实验目的、实验原理、实验器材及实验步骤,能独立完成实验,并且能对实验结果进行分析评估。针对这种情况,教师应重视规范学生的实验操作,根据物理测量类实验的相关教学思路,通过微课演示,重点突破实验的操作步骤、误差分析评估,培养学生良好的实验操作习惯。

5.1.1　"测量物质的密度"教学板书与教学流程

(1)"测量物质的密度"板书

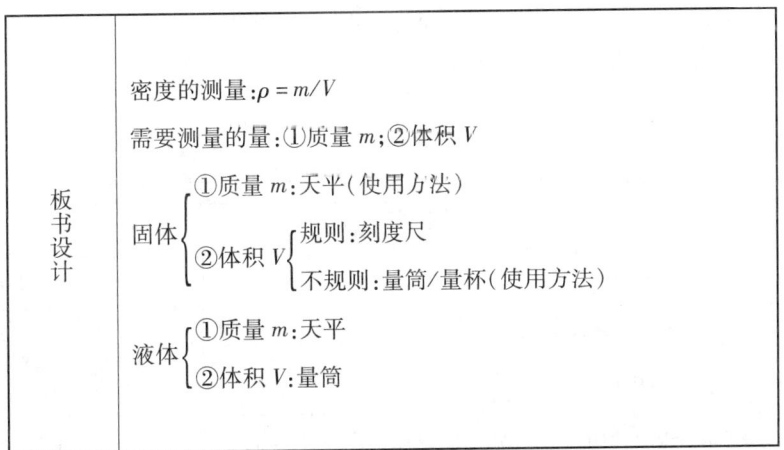

(2)"测量物质的密度"教学流程

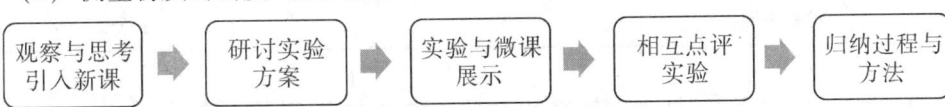

5.1.2　"测量物质的密度"微课的任务清单与脚本

(1)"测量物质的密度"微课学习任务清单

一、学习指南

课题名称：人教版《物理》八年级上册第六章第三节"测量物质的密度(节选)"

达成目标：会用量筒测量液体的体积、固体的体积,利用天平和量筒测量不规则形状固体的密度

学法建议：利用微课呈现实验步骤、仪器的使用,分析实验错误、误差

课堂学习形式预告：在实验操作过程中展示微课,利用暂停功能同学生互动交流

二、学习任务

  1. 规范仪器操作,掌握量筒使用方法及注意事项

  2. 测量不规则固体的体积,动手测量螺母的密度

三、资源链接

四、困惑与建议

(2)"测量物质的密度"微课拍摄脚本设计

录制时间： 年 月 微课时间： 分 秒

微课名称	测量物质的密度				
知识点描述	量筒的规范使用,测量螺母的密度				
知识点来源	人教版《物理》八年级上册第六章第三节"测量物质的密度"				
教学类型	新课教学,实验复习课使用				
适用对象	八、九年级学生				
设计思路	通过微课演示与实验让学生了解实验操作,分析和评估实验误差				
教学过程					
过程	内容	画面	声音	时间	备注
片头	介绍3个知识点及其对应的时间点	文字	无	15秒	
实验教学	量筒的规范使用	图5-1,图5-2		1分55秒	
	测量螺母的密度	图5-3,图5-4,图5-5,图5-6		3分10秒	
结尾	列出拓展问题			1分55秒	

5.1.3 "测量物质的密度"微课的内容、节点与教学应用

(1)"量筒的规范使用"微课的内容与节点

➢ 微课1."量筒的规范使用"的画面

◆ 演示量筒的规范使用,如图5-1所示。

◆量筒正确与错误读数造成的结果,如图5-2所示。

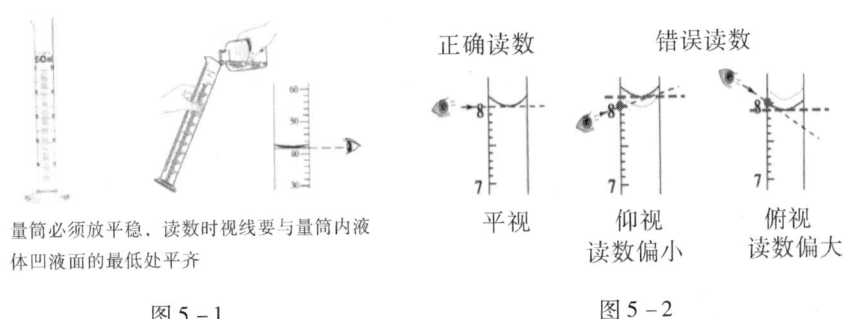

图 5-1　　　　　　　　　　　图 5-2

➢微课1."量筒的规范使用"的声音和节点

◆教师画外音:通过观看以上介绍,请问量筒是以什么单位标度的？1毫升等于多少立方厘米？视频中量筒的量程是多少？分度值是多少？（节点1）

◆教师画外音:请指出视频中读数时的3种做法,哪种正确,哪种错误？读数不规范会造成什么结果？（节点2）

(2)微课1."量筒的规范使用"在教学中的应用

播放微课展示量筒使用方法,按下暂停键设置节点1,让学生归纳量筒的规范使用。操作过程中,学生往往忽略如何读数,此时,老师在讲台做演示实验的同时,可按下暂停键设置节点2,问学生：如果视线不与液体内的液面相平,读数会有怎样的误差呢？微课1通过眼睛视线与液面相平,比液面高俯视读数以及比液面低仰视读数3个情境,依次问学生：此时,我们可以看到量筒里液体的体积读数为多少毫升。学生根据画面眼睛视线读出相应的读数会发现,当俯视读数时,读到的数据比液体体积正确的数值大；当仰视读数时,读到的数据比液体体积正确的数值小。

【点评】在日常的教学过程中,老师们往往会采用讲授法告知学生如何使用量筒,学生根据教师的要求使用量筒,测量出液体的体积,往往忽略量筒的读数规范。本微课在教学应用中,对于学生使用量筒测量液体密度起到了一个补充点拨的作用,巧妙利用摄像机从不同位置、角度拍摄,直观呈现平视、仰视和俯视读数的不同结果。学生在了解操作实验的同时,学会了误差分析,为密度测量作铺垫。在教学过程中,教师充分利用节点暂停,让学生在关键时刻进行观察与思考,在师生互动交流过程中,对实验目的、如何实验、实验结论等问题进行思考,这种思考表面上使实验时间变长,但学生在对问题的思考与表述过程中操作能力得到了提升。

(3)微课2."测量螺母的密度"微课的内容与节点

➢微课2."测量螺母的密度"的画面

◆设计测量螺母密度的实验,如图5-3所示。

◆介绍测量螺母密度实验的原理及器材,如图5-4所示。

◆ 根据实验测量,记录数据,计算密度,如图 5-5 所示。
◆ 评估实验,分析误差,如图 5-6 所示。

二、设计实验
1. 测量螺母密度要用到什么实验原理?
2. 实验中需要测量哪些物理量?
3. 实验中需要哪些测量工具?
4. 设计怎样的实验步骤测量这些物理量?

图 5-3

二、设计实验

1. 实验原理:$\rho = \dfrac{m}{V}$。   2. 物理量:m、V。

3. 测量工具:    4. 其他实验器材: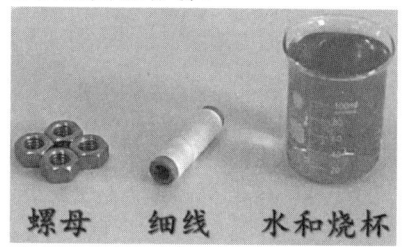

量筒 天平   螺母 细线 水和烧杯

图 5-4

三、实验步骤

螺母质量 m/g	量筒中水的体积 V_1/cm³	量筒中水和螺母的总体积 V_2/cm³	螺母的体积 V/cm³	螺母的密度 ρ/(g/cm³)
60.9	50.0	57.5	7.5	

图 5-5

四、分析评价

实验中测量螺母的质量和体积的步骤是否可以调换顺序?为什么?

图 5-6

➤ 微课 2. "测量螺母的密度"的声音和节点

◆教师画外音:测量螺母的密度实验原理是什么？需测量哪些物理量？需哪些测量工具？（节点 1）

◆教师画外音:螺母的形状不规则,怎样测量螺母的体积？需什么工具？（节点 2）

◆教师画外音:根据以上步骤,能否算出螺母的密度？（节点 3）

◆教师画外音:上述实验可否先测螺母的体积,再测螺母的质量呢？为什么？（节点 4）

(4) 微课 2. "测量螺母的密度"在教学中的应用

老师播放微课,介绍生活中的不同物品。画面中展示一螺母,教师按下暂停键,问螺母是由什么物质组成的？用什么方法判断螺母是不是由铁组成？学生:测量出螺母的密度,同铁的密度进行比较,看二者是否相同。教师按下暂停键设置节点 1,问学生:螺母能直接测得吗？学生:不能。教师:如何测螺母的密度？学生:根据密度公式 $\rho = \dfrac{m}{V}$,测量螺母的体积和质量。教师按下暂停键设置节点 2 问:测量螺母体积需用哪些器材？教师继续播放微课,引导学生利用间接法测量出螺母的密度,通过节点 3 和节点 4,让学生明确实验原理,进行实验。记录数据后,让学生动笔计算,最后评估实验,问学生:实验中测量螺母质量和体积的步骤是否可以调换顺序？为什么？

【点评】测量形状不规则的固体密度是学生第一次利用排水法学习间接测量,对于学生的能力培养及知识的自主构建具有重要意义。通过微课展示,可以及时进行误差分析,知道当测量螺母质量和体积的步骤调换顺序后,会造成测量出的螺母质量偏大,从而导致测量出的螺母的密度偏大。

5.1.4 "测量物质的密度"微课制作软、硬件和流程

(1) 制作微课 1 和微课 2 所需软、硬件

①硬件:电脑、智能手机或录像机、小型三脚架;②软件:"剪辑师""爱剪辑"或"快剪辑"等;③"量筒如何使用"实验所用器材:量筒、液体;④"测量物质的密度"实验所用器材:水、天平、量筒。

(2) "测量物质的密度"微课的制作流程

准备实验器材 → 录制规范实验 → 录制不同实验操作 → 录制实验解读 → 录制片头和片尾 → 合成和编辑 → 封装与上传 → 教学中应用

5.2 验证类学生实验微课制作与应用

实验是科学探究的基础,任何实验都或多或少具有一定的验证性和探究性,两者不能也不可能孤立地存在。[①] 验证性实验的开展一定要循序渐进,由原来的单纯讲解理论,然后验证,逐渐发展到教师提出问题、引导学生设计和进行实验,再到学生提出问题,学生设计和

---

① 刘知新.化学教学论[M].北京:高等教育出版社,2005.

实验验证,直至得出结论。这样就可使教材上的验证性实验从"重复感"变为"新鲜感"。①通过微课的方式,可以让验证性实验的呈现更灵活,确保学生在进行常规实验的基础上,有更多的时间进行拓展性实验研究,促进学生全面理解相关的物理规律。

5.2.1 "阿基米德原理"教学板书与教学流程

(1)"阿基米德原理"板书

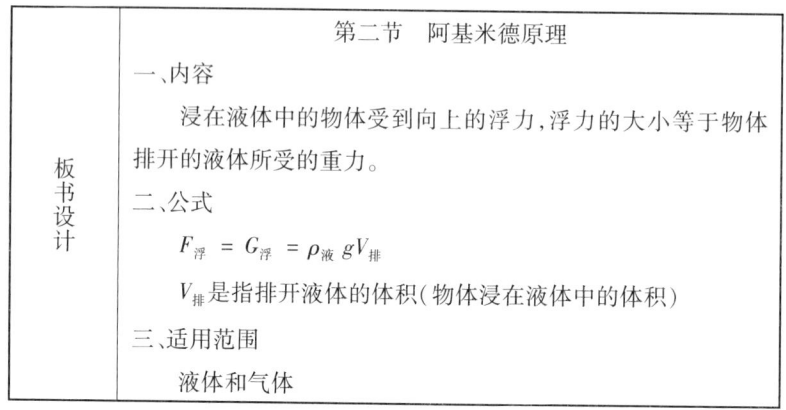

(2)"阿基米德原理"教学流程

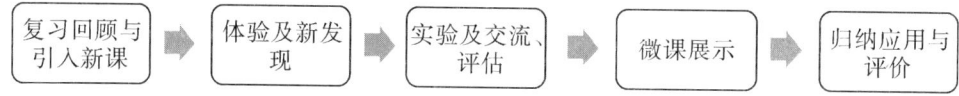

5.2.2 "阿基米德原理"微课的任务清单与脚本

(1)"阿基米德原理"微课学习任务清单333

一、学习指南
课题名称:人教版《物理》八年级下册第十章第二节"阿基米德原理"
达成目标:经历实验探究的过程,概括出阿基米德原理
学法建议:利用微课碎片化和节点暂停功能验证阿基米德原理
课堂学习形式预告:在教学过程中插入微课,在暂停与师生互动过程中寻找规律
二、学习任务
1. 如何测量物体没有完全浸没时的 $F_浮$ 与 $G_排$
2. 物体没有完全浸没时的 $F_浮$ 与 $G_排$ 有什么关系
3. 设计出验证物体没有完全浸没时阿基米德原理依然成立的实验并拍摄相关的微视频
三、资源链接
四、困惑与建议

---

① 董银苹.初中化学验证性实验课堂教学有效性研究[D].北京:首都师范大学,2009.

(2)"阿基米德原理"微课拍摄脚本设计

录制时间： 年 月　　微课时间： 分 秒

微课名称	阿基米德原理				
知识点描述	浸在液体中的物体受到向上的浮力,浮力的大小等于物体排开的液体所受的重力				
知识点来源	人教版《物理》八年级下册第十章第二节"阿基米德原理"				
教学类型	新课教学及验证实验				
适用对象	八年级学生				
设计思路	通过验证实验放大与视频暂停过程让学生找到规律				
教学过程					
过程	内容	画面	声音	时间	备注
片头	课题	课件或视频文字	无	9秒	
实验教学	物体部分浸入水中时	图5-7,图5-8,图5-9,图5-10	教师解读	90秒	
	物体漂浮在水面时	图5-11,图5-12,图5-13,图5-14	教师解读	100秒	
结尾	结论与问题清单				

5.2.3 "验证物体没有完全浸没时的阿基米德原理"微课内容、节点与教学应用

(1)"物体部分浸入水中时"微课的内容与节点

➤微课1. "物体部分浸入水中时"的画面

◆说明要做验证物体部分浸入水中时的阿基米德原理实验并展示器材,如图5-7所示。

◆验证物体部分浸入水中时测量浮力的实验过程,如图5-8所示。

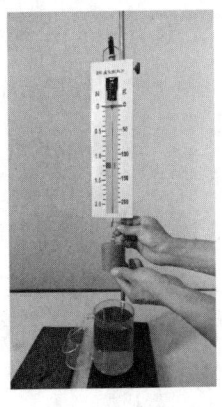
图5-7

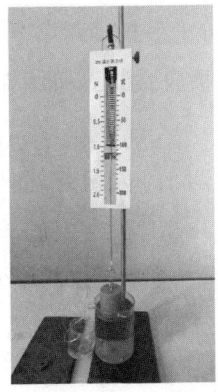
图5-8

◆验证物体部分浸入水中时测量小桶装有排开的水的总重力的实验,如图5-9所示。

◆实验后展示实验结论,如图5-10所示。

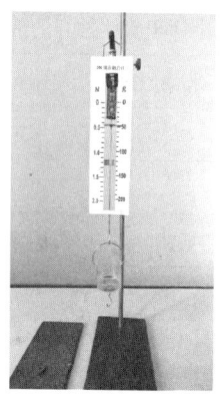

图5-9

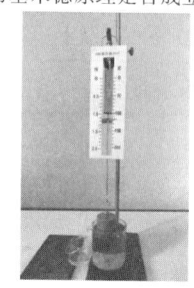

实验:验证物体部分浸入水中时,阿基米德原理是否成立?

结论:当物体只有部分浸入水中时,$F_{浮}=G_{排}$,阿基米德原理依然成立。

图5-10

➤微课1."物体部分浸入水中时"的声音和节点

◆教师画外音:在原来器材的基础上增加了什么器材?(节点1)

◆教师画外音:能算出物体受到的浮力大小吗?怎样计算出来的?(节点2)

◆教师画外音:能算出此时物体排开水的重力大小吗?怎样计算?(节点3)

(2)微课1."物体部分浸入水中时"在教学中的应用

学生做完验证物体浸没在水中时的阿基米德原理的实验后,教师追问学生:当物体没有完全浸没时,阿基米德原理还成立吗?学生思考。教师播放"物体部分浸入水中时"的视频,展示实验装置。在此处设置"节点1"。

教师按下暂停键问:为了更好地进行实验,老师在原来器材的基础上增加了什么器材?学生:铁架台!教师:这样改进的好处是什么?请结合上一个实验的体验去思考。学生讨论并回答:防止手抖动对实验产生影响,使弹簧测力计的示数更稳定。教师:很好!此时教师继续播放微课,画面中物体慢慢浸入水中(没有浸没)。在此处设置"节点2"。

教师按下暂停键问:你能算出此时物体受到的浮力大小吗?你是怎样计算出来的?学生:浮力是0.22牛,用物体的重力1.32牛减去此时弹簧测力计的示数1.1牛。教师继续播放视频,待排水完毕后,把装了水的小桶挂在弹簧测力计上。在此处设置"节点3"。

教师按下暂停键问:你能算出此时物体排开水的重力大小吗?你是怎样计算出来的?学生:物体排开水的重力是0.2牛,用此时弹簧测力计的示数0.42牛减去空小桶的重力0.22牛。教师:大家算出的物体部分浸入水中时的浮力大小和排开水的重力大小是什么关系?学生:虽然有0.02牛的差距,但这应该是实验误差造成的。两者是相等的。教师:很好,大家能很严谨地考虑实验误差的影响。那我们可以初步得出结论,当物体部分浸入水中时,阿基米德原理还成立吗?学生:成立! 教师继续播放视频,展示实验结论。

【点评】在课堂教学过程中,学生做的是最典型的验证阿基米德原理的实验:物体完全浸没时的$F_浮$和$G_排$的关系。但要充分理解阿基米德原理,应当补充常见的非浸没情况:验证物体部分浸入水中时的$F_浮$和$G_排$的相等关系。本微课在教学应用过程中,教师通过几个节点的暂停,通过问题引导学生思考,并在与老师的互动中完成了"验证物体部分浸入水中时阿基米德原理依然成立"的实验,从而摒弃了"阿基米德原理只有当物体浸没时才成立"的错误理解。

(3)"物体漂浮在水面时"微课的内容与节点

➢微课 2."物体漂浮在水面时"的画面

◆说明要做验证物体漂浮在水面时的阿基米德原理实验并展示器材,如图 5 – 11 所示。

◆教师做验证物体漂浮在水面时的阿基米德原理实验过程,如图 5 – 12 所示。

◆实验后展示实验结论,如图 5 – 13 所示。

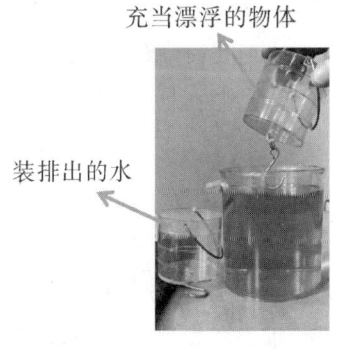

图 5 – 11

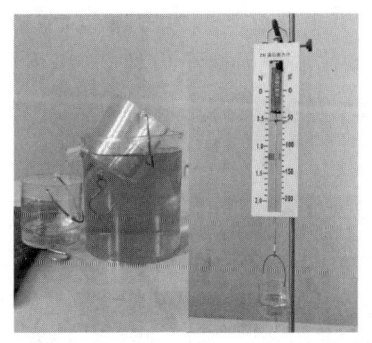

图 5 – 12

图 5 – 13

➤微课2."物体漂浮在水面时"的声音和节点
◆教师画外音:测量物体漂浮状态时的浮力与前面的实验有什么区别?(节点1)
◆教师画外音:小桶此时处于漂浮状态,浮力是多大?你能说出计算方法吗?(节点2)
◆教师画外音:你能算出此时排开水的重力大小吗?怎样计算?(节点3)
(4)微课2."物体漂浮在水面时"在教学中的应用

教师在演示了物体部分浸入水中时的阿基米德原理的验证实验后,进一步追问学生:物体没有浸没在水中时,还包括哪种特殊状态?学生:浮在水面上。教师:物体的这种状态称为漂浮。那当物体漂浮时,阿基米德原理是否也成立呢?教师播放物体漂浮在水面时的视频,展示实验装置。在此处设置"节点1"。

教师按下暂停键说:为了方便实验,老师拿多了一个小桶充当漂浮物。在测量其漂浮状态时的浮力时,和刚才的实验有什么区别呢?学生:不需要用弹簧测力计拉着,它是自然漂浮的。老师:很好!这就是本实验最特别之处。继续播放视频,待小桶漂浮在水面时,在此处设置"节点2"。

教师按下暂停键问:小桶此时处于漂浮状态,浮力是多大?你能说出计算方法吗?学生:浮力是0.22牛,因为小桶是漂浮的,处于静止的平衡状态,只受到重力和浮力,所以浮力等于小桶自身的重力大小。教师:很好!分析力学问题的关键在于分析……学生:分析物体的受力情况!教师:很棒!这就是良好的学习习惯和解决问题的突破口!教师继续播放视频,待排水完毕后,把装了水的小桶挂在弹簧测力计上。在此处设置"节点3"。

教师按下暂停键问:你能算出此时排开水的重力大小吗?你是怎样计算的?学生:物体排开水的重力大小是0.28牛,用此时的弹簧测力计的示数0.5牛减去空小桶的重力0.22牛。教师:大家算出的物体漂浮在水面时的浮力大小和排开水的重力大小是什么关系?学生:接近相等,但这应该是实验误差造成的。教师:很好。这其实就是实验误差导致的。为了使实验现象更明显,我们可以选择更好的物体作为研究对象。那我们可以初步得出结论,当物体漂浮在水面时,阿基米德原理还成立吗?学生:成立!此时,教师继续播放视频,展示实验结论。

【点评】学生在微课1的师生互动、实验和微课观察过程中,已经明确,当物体部分浸入水中时,阿基米德原理是成立的。但对于"部分浸入水中时"的特殊情况——漂浮,又该如何验证呢?面对"节点1"的暂停,就是让学生拓展思考漂浮这种特殊情况,以及在测量浮力时和之前实验的区别:因为漂浮,所以此时物体受到的浮力刚好等于物体自身的重力。设置"节点2"和"节点3",就是为了给学生思考的时间,思考此时的$F_{浮}$和$G_{排}$如何测量。然后再播放微课,让学生校对自己原来的思路,并通过测量数据说明:物体漂浮时,阿基米德原理依然成立。本微课在教学的应用过程中,学生对"部分浸入水中时的特殊情况——漂浮"进行拓展性探究,并在节点的暂停中,通过问题引领,让学生在思考

(甚至在错误的前概念)的基础上,产生实验事实和前概念的冲突,从而加深对阿基米德原理的理解。该微课是对课本内容的延伸,可以在上该节内容的时候播放,也可以留到讲完下节内容"物体的浮沉条件"后再播放,使学生加深对阿基米德原理的理解。

5.2.4 "阿基米德原理"微课制作软、硬件和流程

(1) 制作微课 1 和微课 2 所需软、硬件

①多媒体电脑、智能手机(DV 或录像机)、小型三脚架;②弹簧测力计、溢水杯、圆柱体、小桶、铁架台、水;③视频编辑软件,如"剪辑师""爱剪辑""快剪辑"等。

(2) "阿基米德原理"微课的制作流程

准备课件 → 准备实验器材 → 录制演示实验 → 录制实验解读 → 录制编写片头和片尾 → 合成和编辑 → 封装与上传 → 教学中应用

5.3 探究类课堂教学微课制作与应用

探究类实验的教学目的是培养学生发现问题、分析问题和解决问题的能力,以及培养学生独立思考和勇于创新的品质。但现行很多探究类课堂教学流于形式,有的只是把实验课当作探究课,有的是为了探究而探究,看上去课堂气氛活跃,实际上成效不大。因此,教师要通过引入、设问和微课内容设计,给学生主动参与、自主探究的机会与空间,让学生经历与科学工作者进行科学研究时的相近或相似的过程,不仅使学生获取知识,而且经历获取知识的过程,体验探究的曲折与乐趣,感受科学思想,树立科学精神。

5.3.1 "大气压强"教学板书与教学流程

(1) "大气压强"板书

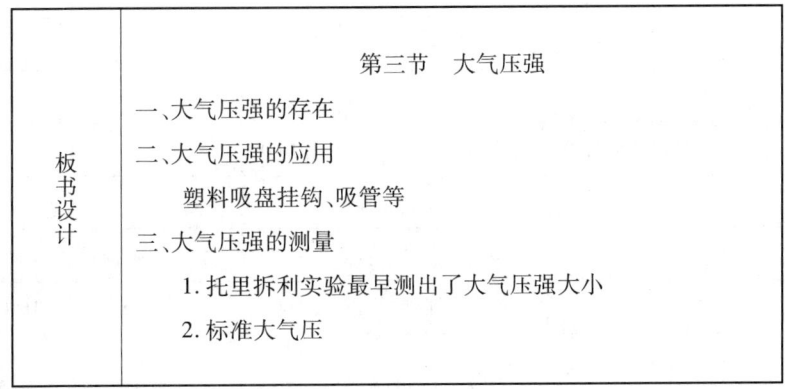

(2) "大气压强"教学流程

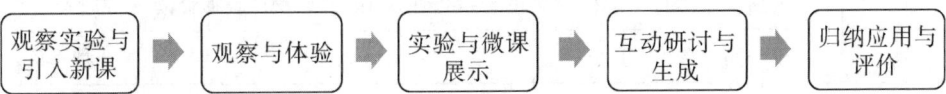

5.3.2 "大气压强"微课的任务清单与脚本

(1)"探究大气压强的存在"微课学习任务清单

一、学习指南

课题名称:人教版《物理》八年级下册第九章第三节"大气压强"

达成目标:通过实验和微课,了解大气压强的存在及其特点,并能说出大气压强在生产、生活中应用的实例

学法建议:利用微课碎片化和节点暂停功能分析大气压强是否存在

课堂学习形式预告:在教学过程中插入微课,在暂停与师生互动过程中寻找特点

二、学习任务

  1. 验证大气压强的存在

  2. 用大气压强解释生活中的实例和马德堡半球实验

  3. 设计出证明大气压强存在的实验并拍摄相关的微视频

三、资源链接

四、困惑与建议

(2)"探究大气压强的存在"微课拍摄脚本设计

录制时间: 年 月   **微课时间:**   分 秒

微课名称	大气压强
知识点描述	大气中存在大气压强,生活中应用大气压强实例
知识点来源	人教版《物理》八年级下册第九章第三节"大气压强"
教学类型	新课教学及演示实验
适用对象	八年级学生
设计思路	通过暂停功能,让学生分析大气压强的存在和应用

<table>
<tr><th colspan="6">教学过程</th></tr>
<tr><th>过程</th><th>内容</th><th>画面</th><th>声音</th><th>时间</th><th>备注</th></tr>
<tr><td>片头</td><td>课题</td><td>课件或视频文字</td><td>无</td><td>10 秒</td><td></td></tr>
<tr><td rowspan="2">实验与教学</td><td>生活中能说明大气压强存在的实例</td><td>图 5-14,图 5-15,图 5-16</td><td>教师解读</td><td>120 秒</td><td></td></tr>
<tr><td>马德堡半球实验</td><td>图 5-17,图 5-18,图 5-19,图 5-20</td><td>教师解读</td><td>50 秒</td><td></td></tr>
<tr><td>结尾</td><td>结论与问题清单</td><td></td><td></td><td>8 秒</td><td></td></tr>
</table>

5.3.3 "大气压强的存在"微课内容、节点与教学应用

(1)"生活中能说明大气压强存在"微课的内容与节点

▶微课1."生活中能说明大气压强存在的实例"的画面

◆塑料吸盘被稳稳地压在光滑的墙上,如图5-14所示。

◆饮料通过吸管被送到嘴里,如图5-15所示。

◆作图说明吸管如何把饮料送到嘴里,如图5-16所示。

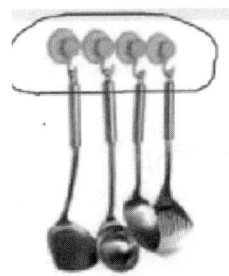

什么力把塑料吸盘压在光滑的墙上?

图5-14

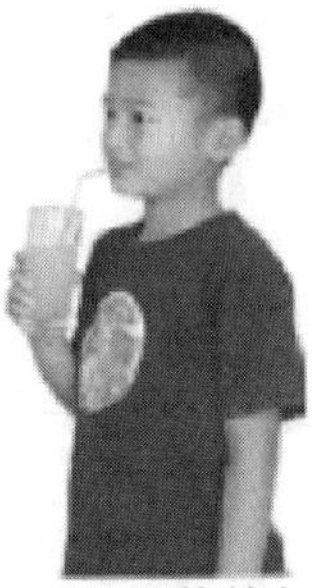

什么力使饮料上升到嘴里?

图5-15

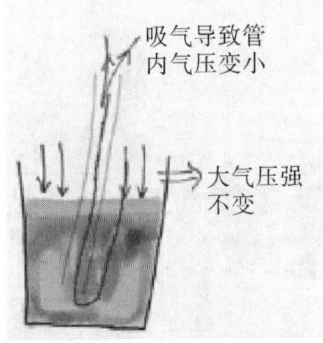

图5-16

▶微课1."生活中能说明大气压强存在的实例"的声音和节点

◆教师画外音:塑料吸盘能在粗糙的墙面使用吗?(节点1)

◆教师画外音:吸管吸的是饮料吗?(节点2)

◆教师画外音:密封的罐头打不开可以想个什么办法?(节点3)

(2)微课1."生活中能说明大气压强存在的实例"在教学中的应用

在微课1的师生互动中,面对"节点1"的暂停,学生有了"粗糙墙面表面凹凸不平,塑料吸盘中的空气无法完全排出,此时内外气压差不多,塑料吸盘无法在粗糙的墙面使用"的结论。面对"节点2",很多学生会说"是"。刚刚接触这个知识点,学生对于大气压概念的理解还不够深刻,需要通过分组分析、讨论,得到"是压强差产生了压力,把饮料压进嘴里"的结论。面对"节点3",学生通过思维的碰撞,可以得到"让空气进入罐头内"这

个方法。

【点评】本微课在教学应用过程中,让学生学会应用知识来解决实际问题。结合微课1的用装满水的方法排尽空气,"节点1"的结论是显而易见的。而"节点2"和"节点3"不完全是前面经验的照搬,学生通过分析和讨论这种思维的碰撞,得到"节点2"是利用大气压,而"节点3"则是一个相反的过程,"不需要利用大气压强"的结论。

(3)"马德堡半球实验"微课的内容与节点

➢微课2."马德堡半球实验"的画面

◆马德堡半球实验画面,如图5-17所示。

◆抽出球内空气,形成真空,如图5-18所示。

◆16匹大马才能将这2个半球分开,如图5-19所示。

◆对实验进行总结,如图5-20所示。

图5-17

图5-18

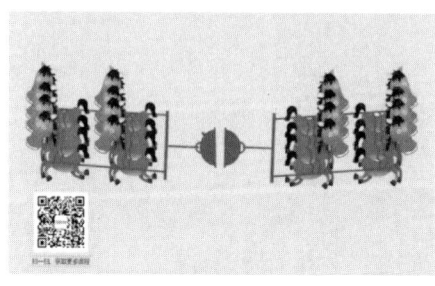

图5-19

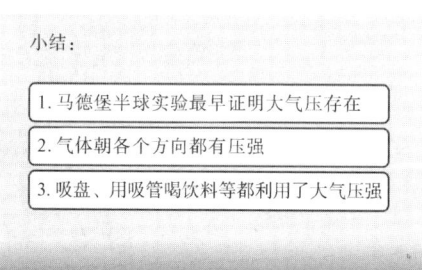

图5-20

➢微课2."马德堡半球实验"的声音和节点

◆教师画外音:为什么要将球内抽成真空?(节点1)

◆教师画外音:16匹大马才能把2个半球分开(节点3),说明什么?

(4)微课2."马德堡半球实验"在教学中的应用

有了微课1和微课2的师生互动,在实验和微课观察过程中,面对"节点1"的暂停,学生有了"使2个半球里面气压为零"的结论。继续播放微课,每边8匹大马都无法拉开2个半球,此时面对"节点2"的问题,学生会得到"大气压强不仅能压住2个半球,并且大气压数值很大"的结论。

【点评】本微课在教学应用过程中,起到了承上启下的作用。既应用了刚刚所学的知识来说明实验步骤、解释实验现象,又引出了下一个知识点:大气压强的测量,使知识的应用在微课播放和暂停过程中得到了落实。学生在完成问题清单过程中,本节学习的生成目标已经达到。

5.3.4 "大气压强"微课制作软、硬件和流程

(1)制作微课 1 和微课 2 所需软、硬件

①平板电脑或电脑、智能手机(DV 或录像机)、小型三脚架;②实验所用杯子、纸板、水;③视频编辑软件,如"剪辑师""爱剪辑""快剪辑"等。

(2)"大气压强"微课的制作流程

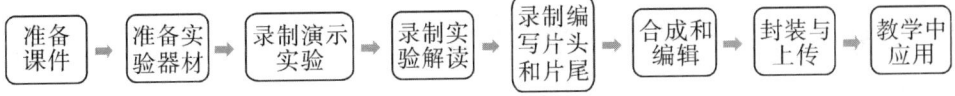

第6章　中学物理创新实验微课制作与应用

6.1　走进生活创新实验微课制作与应用

许多创新实验的灵感来源于生活,素材取材于生活,成果回归教学。由于学生缺乏生活经验,不会把生活中的创新实验与教学中的知识点联系起来,教师可以把生活中同物理有关的现象与创新实验联系起来,通过微课实验让学生关注重点,思考实验的设计目的、原理、方法、应用等,通过微课与创新实验的融合,培养学生的观察能力、迁移能力、实践能力和创新能力。

6.1.1　"电阻"教学板书与教学流程

（1）"电阻"板书

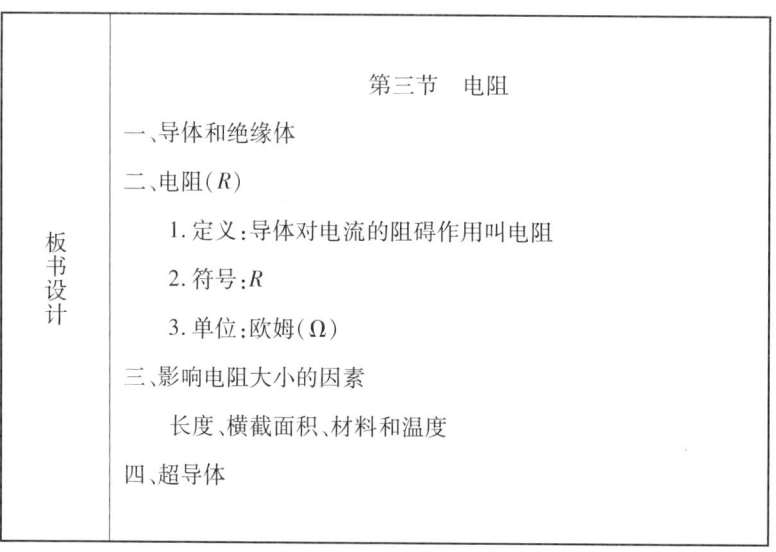

（2）"电阻"教学流程

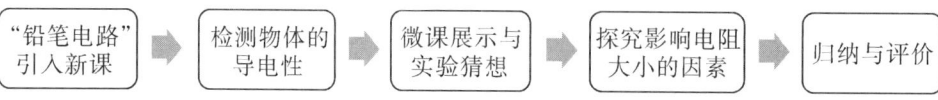

6.1.2 "电阻"微课的任务清单与脚本

(1)"电阻"微课学习任务清单

一、学习指南

课题名称:人教版《物理》九年级全一册第十六章第三节"电阻"

达成目标:通过创新实验让学生了解各种物质的导电性

学法建议:利用微课碎片化和节点暂停功能探究不同物质的导电性

课堂学习形式预告:在教学过程中插入微课,在暂停与师生互动过程中寻找规律

二、学习任务

1. 能设计出判断导体和绝缘体的实验

2. 能对生活中常见的物质按导体和绝缘体进行分类

3. 能通过实验说明材料、长度、横截面积与电阻大小的关系

三、资源链接

四、困惑与建议

(2)"电阻"创新实验微课拍摄脚本设计

录制时间: 年 月 微课时间: 分 秒

微课名称	电阻
知识点描述	容易导电的物体叫导体,不容易导电的物体叫绝缘体,电阻表示导体对电流阻碍作用的大小
知识点来源	人教版《物理》九年级全一册第十六章第三节"电阻"
教学类型	新课教学
适用对象	九年级学生
设计思路	在师生互动和实验过程中探究物理规律

教学过程(微课1)

过程	内容	画面	声音	时间	备注
片头	课题	课件	无	5秒	
实验与教学	制作"铅笔电路"	图6-1,图6-2	无	75秒	
	提问电路通断情况	图6-3	教师提问	47秒	
结尾	结论与问题清单			8秒	

续表

设计思路	通过制作创新实验让学生能看到不易观察的检验实验

教学过程(微课2)

过程	内容	画面	声音	时间	备注
片头	课题	课件	无	7秒	
实验与教学	介绍所测物体	图6-4,图6-5	教师介绍	37秒	
	检测物体是否导电	图6-6	无	146秒	
结尾	分类与结论		教师总结	64秒	

6.1.3 "电阻"微课内容、节点与教学应用

（1）"制作铅笔电路"微课的内容与节点

➢ 微课1."制作铅笔电路"的画面

◆用铅笔画检验物体是否导电的电路实验，如图6-1所示。

◆用铅笔画检验物体是否导电的电路过程，如图6-2所示。

◆用铅笔电路检验物体是否容易导电，如图6-3所示。

图6-1

图6-2

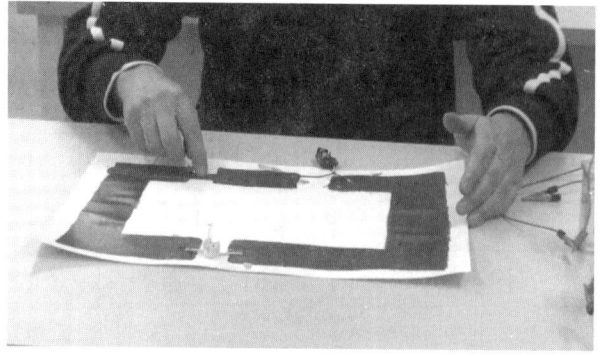

图6-3

➢ 微课 1."制作铅笔电路"的声音和节点

◆教师画外音:通常见到的电路都是用铜做导线的,如果用铅笔画线连接一个电路,能让灯亮起来吗?(节点 1)

◆教师画外音:导线画好了,把电源、开关和用电器接入电路,闭合开关,绿色发光二极管能亮吗?(节点 2)不能,电路断路了。

◆教师画外音:把一根钢尺接在断路的地方,此时绿色发光二极管亮了,说明钢尺(节点 3)容易导电。

◆教师画外音:这个电路可以用来检验物体是否容易导电。(节点 4)

(2) 微课 1."制作铅笔电路"在教学中的应用

在关于电阻的课堂教学过程中,教师提出"用铅笔画线连接电路,能让绿色发光二极管亮起来吗?"(在此处设置"节点 1")让学生有个思考的过程,能放大他们的好奇心,增强求知欲。

课堂教学过程中,当铅笔电路画好后,将电源、开关和绿色发光二极管接入电路中。此时,教师按下暂停键问:灯能亮吗?(在此处设置"节点 2")通过这个问题,让学生把注意力放到整个电路中,促使他们认真观察电路。学生通过仔细观察,回答:不能,电路是断路。

在用一根钢尺接通电路以后(在此处设置"节点 3"),教师按下暂停键问:绿色发光二极管真的亮了,为什么绿色发光二极管能发光呢?学生:是因为有电流通过绿色发光二极管。教师:这说明了什么?学生:钢尺容易导电。教师:那如果换一个物体来连接,绿色发光二极管不能发光,又说明什么呢?学生:这个物体不容易导电。此处应注意引导学生用"容易""不容易"来描述。接着问:同学们知道这个电路能做什么吗?此时,教师按下暂停键(在此处设置"节点 4"),让学生思考。学生:检测物体是否容易导电。

【点评】通过微课展示"画"出来的电路让学生眼前一亮,这是充满挑战性和趣味性的活动。学生在一个创新的情境下完成实验,通过老师的引导,学生思考电路连接和电路故障等问题,知道如何利用电路来检测物体是否容易导电,突破了难点。

➢ "利用铅笔电路检验物体是否容易导电"微课的内容与节点

◆说明要做"利用铅笔电路检验物体是否容易导电"的实验(图 6-4)。

◆教师列出身边常见的物体(图 6-5)。

◆教师将物体逐一接入"铅笔电路",观察绿色发光二极管的亮暗情况(图 6-6)。

◆对实验进行总结和分析,得出导体和绝缘体的定义(图 6-7)。

◆通过实验结果引出电阻概念(图 6-8)。

实验：利用铅笔电路检测物体是否容易导电。

图6-4

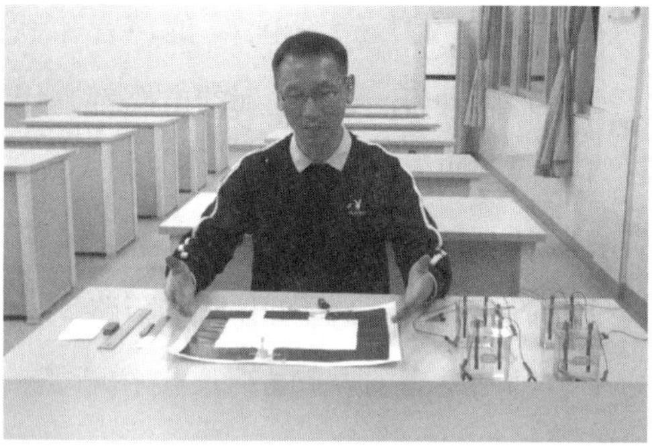

图6-5

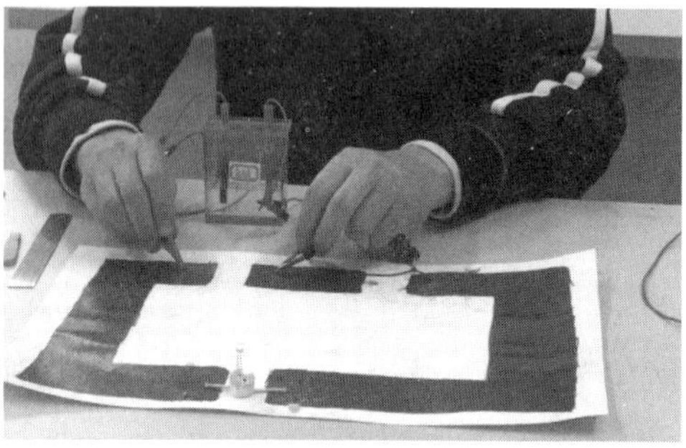

图6-6

- 导体：容易导电的物体。
- 绝缘体：不容易导电的物体。
- 常见的导体有：金属、人体、大地、石墨、食盐水溶液等。
- 常见的绝缘体：橡胶、玻璃、塑料、纯水等。

图6-7

电阻：导体对电流阻碍作用的大小。
符号：R。
单位：欧姆，简称"欧"（Ω）。

图6-8

➢ 微课2."利用铅笔电路检验物体是否容易导电"的声音和节点
◆教师画外音：常见的物体，哪些容易导电，哪些不容易导电呢？（节点1）
◆教师画外音：如何对这些物体进行分类？（节点2）
◆教师画外音：常见的导体和绝缘体分别有哪些？（节点3）

（4）微课2."利用铅笔电路检验物体是否容易导电"在教学中的应用

学生通过微课1了解了铅笔电路是如何检验物体是否容易导电的，教师列出身边常见的物体，按下暂停键（在此处设置"节点1"），让学生思考并猜测哪些物体导电，哪些物体不导电。

教学过程中，通过实验把身边的物体接入电路，检验后提出问题：如果我们给这些物体分类，可以怎样分呢？按下暂停键（在此处设置"节点2"），学生会非常自然地把物体分为"容易导电"和"不容易导电"2类。教师及时总结，引入导体和绝缘体的概念。

通过学习,学生知道了什么是导体、什么是绝缘体,教师进一步提问:常见的导体和绝缘体有哪些?教师按下暂停键(在此处设置"节点3"),学生根据生活经验回答,教师总结和概括。

【点评】本微课在教学的应用过程中,让学生通过观察绿色发光二极管的亮度判断出物质导电性的强弱。铅笔电路能把普通电路难以检测到的酸碱盐的水溶液、白酒,甚至人体等物质是否容易导电检测出来,为电阻的引入铺平了道路。微课2不仅让学生感到震撼,激发了学生想要亲自动手实验的欲望,而且落实了教学目标,令学生的知识自然生成。

6.1.4 "电阻"微课制作软、硬件和流程

(1)制作微课1和微课2所需软、硬件

①电脑、录像机、三脚架;②演示实验所用电池、铅笔、发光二极管、8开纸、电池盒、钢尺;③演示实验所用铅笔电路、自来水、盐水、NaOH溶液、食盐水、橡皮、纸巾、塑料尺、人体、金属;④视频编辑软件,如"快剪辑""Camtasia Studio 8"。

(2)"电阻"微课的制作流程

准备课件 → 准备实验器材 → 录制演示实验 → 录制实验解读 → 录制编写片头和片尾 → 合成和编辑 → 封装与上传 → 教学中应用

6.2 课堂教学创新实验微课制作与应用

科学思维是学生学科核心素养的重要元素,是学生在物理学习过程中,主动运用知识、方法和思想,通过判断、推理、论证等手段来解决问题的心理过程。实验教学是培养学生科学思维的重要载体,创新实验是激发兴趣、培养思维、提升创新能力的重要途径。在中考总复习阶段,巧妙地设计创新实验,可以避免学生因应试一味地"刷题"带来的倦怠,使学习更高效。

6.2.1 "物态变化复习"教学板书与教学流程

(1)"物态变化复习"板书

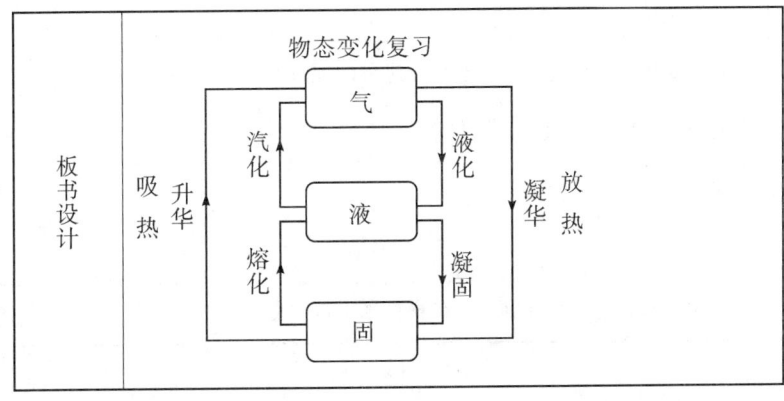

(2)"物态变化复习"教学流程

6.2.2 "灭火器制霜"微课的任务清单与脚本

设计创新实验微课时,要思考进行创新实验的目的是什么,能解决什么问题。物态变化有关常规实验在八年级新课教学中已经做过,在中考复习中,通过"灭火器制霜"创新实验微课教学,旨在培养学生的物理思维和知识迁移能力。

(1)"灭火器制霜"微课学习任务清单

一、学习指南
课题名称:九年级物态变化复习课
达成目标:会根据具体的物理现象判断物态变化
学法建议:利用微课碎片化和节点暂停功能探究
课堂学习形式预告:通过"灭火器制霜"实验的微课理解6种物态变化现象
二、学习任务
1.能说出6种物态变化名称   2.根据实验现象,判断出对应的物态变化名称
三、资源链接
四、困惑与建议

(2)"灭火器制霜"微课拍摄脚本设计

录制时间:　　年　月　　**微课时间:**　分　秒

微课名称	灭火器制霜
知识点描述	巩固对凝华、液化、升华等物态变化过程的理解
知识点来源	人教版《物理》八年级上册第三章
教学类型	复习课及教师演示实验
适用对象	八、九年级学生
设计思路	通过演示实验放大与视频暂停过程让学生找到规律

续表

		教学过程			
过程	内容	画面	声音	时间	备注
片头	课题	课件或视频文字	无	12秒	
实验与教学	灭火器标识	图6-9	教师解读	19秒	
	灭火器灭火	图6-10	教师解读	20秒	
	观察金属罐	图6-11	教师解读	100秒	
结尾	结论与问题清单				

6.2.3 "灭火器制霜"微课内容、节点与教学应用

(1)"观察灭火器标识"微课的内容与节点

➤微课1."灭火器标识"的画面

◆说明目的:了解灭火器的主要成分及有关物态变化,如图6-9所示。

图6-9

➤微课1."灭火器标识"的声音和节点

◆教师画外音:这种灭火剂的主要成分是什么?(节点1)

◆教师画外音:二氧化碳。瓶内装的二氧化碳是哪种状态?(节点2)

◆教师画外音:液态。通过什么方式使二氧化碳液化装入瓶内?(节点3)

◆教师画外音:增大压强。(节点4)

(2)微课1."灭火器标识"在教学中的应用

教师展示灭火器:请观察商标,这是一个什么类型的灭火器?学生:二氧化碳灭火器。教师:钢瓶中装的主要物质是什么?学生:二氧化碳。教师:二氧化碳在常温常压下

是什么状态？学生：气态。教师：钢瓶中的二氧化碳是什么状态？学生：液态。教师：如何证明？学生：摇一摇。安排学生代表上台摇晃钢瓶确认。教师继续追问：液化的方式有几种？学生：2种，分别是降温和压缩体积。教师：钢瓶中的液态二氧化碳是用哪种方式获得的？学生：可能是通过压缩体积使其液化。

【点评】教师挖掘常见的灭火器的价值，引导学生通过观察、推理、动手等方法，自主推理出钢瓶中的二氧化碳是液态，并且得到"通过压缩体积的方法将二氧化碳液化"的结论。这种基于具体实物情境的教学方式，比起做题讲题的方式效果好得多，培养了学生读图提取信息的能力，在追问中复习了液化的条件，提升了逻辑思维能力，也为下一步的教学做好准备。

(3) "操作灭火器灭火"微课的内容与节点

➤微课2. "操作灭火器灭火"的画面

◆教师操作灭火器灭火瞬间，如图6-10所示。

图6-10

➤微课2. "操作灭火器灭火"的声音和节点

◆教师画外音：灭火器的操作步骤是什么？（节点1）

◆教师画外音：如何进行安全保护？（节点2）

(4) 微课2. "操作灭火器灭火"实验在教学中的应用

教师在操作灭火器"灭火"前，让学生思考应采取哪些安全防护措施。在学生的建议下，老师戴上手套、口罩和护目镜，以易拉罐作为假想火源，将多个易拉罐放入布袋，然后将灭火器的喷筒插入布袋中，对准易拉罐，拔出保险销。在按下压把前，教师提醒学生观察布袋周围的现象，布袋里面会出现的物质，接下来教师"灭火"，学生凝神聚气地观察。

【点评】本实验的创新点在于将 12 个易拉罐装入布袋,随着二氧化碳的喷出,每个易拉罐内外均会留下干冰,给接下来的小组合作探究提供了实验器材。老师带上防冻手套、口罩和护目镜,体现了安全教育。在模拟灭火的过程中,要让学生了解喷出的灭火剂会很冷,可能存在危险,必须采取必要的防护措施。值得指出的是,这样的安全教育培养了学生思维的全面性,让学生在安全演练中体验灭火过程。

图 6-11

(5)"观察金属罐实验"微课内容与节点

➤微课 3."观察金属罐"的画面

◆说明要观察金属罐的情况,如图 6-11 所示。

◆金属罐内白色块状物、粉末以及金属罐外的白霜。

➤微课 3."观察金属罐"的声音和节点

◆教师画外音:金属罐内壁和外壁有白色的物质,是什么状态?(节点 1)

◆教师画外音:白色物质是如何形成的?(节点 2)

◆教师画外音:白色物质很快就"消失"了,这是为什么?(节点 3)

(6)微课 3."观察金属罐"实验在教学中的应用

实验结束后,给每个小组发放一个易拉罐进行观察。教师:观察到了哪些现象?学生:罐壁和底部有白霜,罐内还有白色的粉末和块状物。教师:用手指轻轻触摸铝罐壁或底部的白霜,有什么感觉?学生:黏手且很冷。接下来,教师在大屏幕上展示 3 个问题:有哪 2 种物质的状态发生了变化?先后分别经历了哪些状态?发生了哪几种物态变化?学生开始进行小组讨论,并将结果记录在导学案上。5 分钟后开始展示,教师通过追问的形式,引导学生从现象开始,逐步推理出二氧化碳和水蒸气这 2 种物质发生的一系列物态变化。下面是师生分析二氧化碳变化过程的一段对话:

教师:罐内的白色粉末是冰还是干冰,为什么?学生:应该是干冰,就是固态二氧化碳。因为它没有熔化成水,而是直接变成了气态二氧化碳。教师:很好。那么,干冰是怎样形成的?首先从瓶内的二氧化碳说起,它是什么状态?学生:液态。教师:喷出来后变成了什么状态?学生:气态。教师:这是什么物态变化?学生:汽化。教师:在这个过程中是吸热还是放热?学生:吸热。教师:对。要吸收大量的热,使周围迅速冷却。这也就是你们摸到的易拉罐很冻的原因。那么,气态二氧化碳还会发生什么变化呢?学生:发生凝华,变成干冰,一会儿又升华成气体。最后让学生再梳理一次二氧化碳从瓶内到瓶外的物态变化过程。

【点评】本实验中出现了多种现象,有"白烟""白霜""白色粉末"等,有的现象转瞬即逝,有的逐渐消失,这需要教师充分利用微课的暂停功能,引导学生在观察过程中进行分析,首先让学生判断整个过程中只有水和二氧化碳2种物质,然后分析各自先后出现的不同状态,进而推理出对应的物态变化名称。这种化繁为简、由易到难的分析过程就是学生思维提升的过程,让学生能够体验"灭火"实验蕴含了物质三态及其之间全部6种物态变化,在师生感悟物理实验之美、之深刻的同时,还可让学生感受到这些都离不开自己的观察。

6.2.4 "灭火器制霜"微课制作软、硬件和流程

(1)学生制作微课1、微课2和微课3所需软、硬件

①平板电脑或电脑、智能手机、照相机、小型三脚架;②实验器材:灭火器、大的金属罐(月饼盒)、布袋1个、小的易拉罐若干;③视频编辑软件,如"剪映""快影""抖音"等。

(2)"灭火器制霜"微课的制作流程

设计实验 ➡ 实验准备 ➡ 改进实验 ➡ 拍摄实验 ➡ 后期制作 ➡ 教学应用

6.3 科技创新发明实验微课的制作与应用

创新实验是物理实验教学的有机组成部分,也是培养师生创新能力的重要途径,是实现科学概念、规律有效建构的重要途径。[①] 在创新实验教学中,要始终落实以学生的学习和思维发展为核心,指导学生主动地参与实验探究的全过程,实现学生的自主设计与研究,突出学生在实验中的主动性、自主性、创造性、合作性。[②]

---

① 胡世龙.实验创新策略激起物理教学的一片"涟漪"——观摩2018年江苏省初中物理优秀课有感[J].中学物理(初中版),2020(5):30—32.
② 钱永昌.指导学生开展"中学物理低成本创新实验"设计与开发的实践研究[D].福州:福建师范大学,2008.

6.3.1 "变阻器"教学板书与教学流程

(1)"变阻器"板书

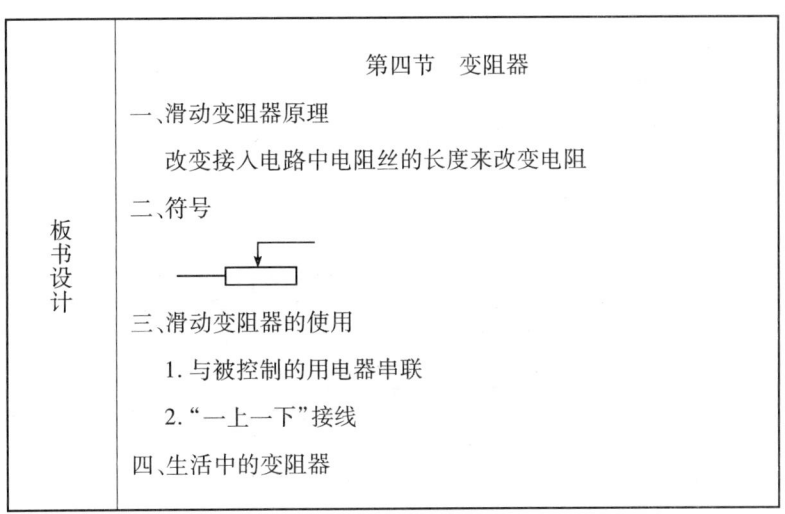

(2)"变阻器"教学流程

6.3.2 "变阻器"微课的任务清单与脚本

(1)"变阻器的应用"微课学习任务清单

一、学习指南
课题名称:人教版《物理》九年级第十六章第四节"变阻器"
达成目标:通过创新实验及微课理解变阻器的原理
学法建议:利用微课碎片化和节点暂停功能理解变阻器的原理
课堂学习形式预告:在教学过程中插入微课,在暂停与师生互动过程中理解

二、学习任务
  1.你会设计实验改变灯泡亮度吗
  2.滑动变阻器原理是什么
  3.设计出有关滑动变阻器在生活中应用的实验并拍摄相关的微视频

三、资源链接
四、困惑与建议

(2)"变阻器的应用"微课拍摄脚本设计

录制时间：　　年　月　　微课时间：　分　秒

微课名称	变阻器
知识点描述	滑动变阻器通过改变接入电路中电阻丝的长度来改变电阻
知识点来源	人教版《物理》九年级第十六章第四节"变阻器"
教学类型	新课教学及演示实验
适用对象	九年级学生
设计思路	通过演示实验放大与视频暂停过程让学生理解变阻器的应用

教学过程

过程	内容	画面	声音	时间	备注
片头	课题	课件或视频文字	无	9秒	
实验与教学	会"眨"眼睛的蜘蛛侠	图6-12,图6-13,图6-14	教师解读	38秒	
	简易压力测量仪	图6-15,图6-16,图6-17,图6-18	教师解读	45秒	
结尾	结论与问题清单				

6.3.3 "变阻器的应用"微课内容、节点与教学应用

(1)"会眨眼睛的蜘蛛侠"微课的内容与节点

➢微课1."会眨眼睛的蜘蛛侠"的画面

◆说明要做会眨眼睛的蜘蛛侠实验,如图6-12所示。

◆教师做会眨眼睛的蜘蛛侠实验,如图6-13所示。

◆会眨眼睛的蜘蛛侠实验后展示实验分析,如图6-14所示。

图6-12

第6章　中学物理创新实验微课制作与应用

图 6-13

> 现象：拉动绳子，蜘蛛侠眼睛忽明忽暗。
> 分析：拉动绳子，相当于移动了滑片，变阻器接入电路中的电阻发生改变，通过灯泡的电流也改变。

图 6-14

➤微课1."会眨眼睛的蜘蛛侠"的声音和节点

◆教师画外音：拉动两边的绳子，蜘蛛侠的眼睛会有什么变化？（节点1）

◆教师画外音：观察到蜘蛛侠的眼睛有什么变化？说明了什么？（节点2）

◆教师画外音：箱子内部藏有哪些电路元件？你能解释为什么灯泡亮度会改变吗？（节点3）

(2) 微课1."会眨眼睛的蜘蛛侠"在教学中的应用

在课堂教学过程中，教师拿出一个蜘蛛侠道具，告诉学生：老师事先已经在蜘蛛侠2只眼睛里分别安装了灯泡，并把它们接入电路中。如果拉动2根绳子，情况会怎么样？教师播放"会眨眼睛的蜘蛛侠"微课。当画面中播放到拉动2根绳子时，为了激发学生的学习兴趣，在此处设置"节点1"。

教师按下暂停键问：大家猜猜，蜘蛛侠眼睛会有什么变化？学生：没有变化；一只变亮，一只变暗；闪烁……教师继续播放微课。画面中拉动绳子，当播放到蜘蛛侠眼睛有变化时，为了培养学生的观察能力，在此处设置"节点2"。

教师按下暂停键问：观察到蜘蛛侠的眼睛有什么变化？学生：眼睛忽明忽暗，给人"眨眼睛"的感觉。教师：灯泡的亮度有变化吗？学生：有变化。教师：灯泡亮度变化说明什么？学生：说明电流发生了变化。教师：为什么电流会变化？此时学生已经能够通过灯泡亮度变化的感官刺激联想到电流变化，思维必然会朝着寻找原因的方向发展。为了帮助学生解开心中的疑惑,教师继续播放微课。当播放到画面中出现箱子内部的特写时,在此处设置"节点3"。

教师按下暂停键问:箱子内部藏着什么电路元件?学生:变阻器。教师:你能解释为什么灯泡亮度会改变吗?学生:拉动绳子时,相当于移动了变阻器的滑片,变阻器接入电路中的电阻也随着发生改变,所以通过灯泡的电流会发生变化,灯泡亮度也会跟着变化。

【点评】本微课在教学应用过程中,教师利用自制科技发明创新实验——会"眨眼睛"的蜘蛛侠,为学生创设了既愉快又充满新奇的物理情境,刺激学生感官,引发学生认知需求。通过几个节点的暂停,教师提出微课以外的问题让学生猜测,观察现象后让学生思考,引发学生的认知冲突,激发学生强烈的探究欲望。在学生思考与师生互动过程中,本节课"变阻器的应用"重点知识得到了突破。

(3)"简易压力测量仪"微课的内容与节点

➢ 微课2."简易压力测量仪"的画面

◆ 说明要展示简易压力测量仪实验(图6-15)。

◆ 教师用手按住托盘,慢慢增大压力(图6-16)。

◆ 压力测量仪指针向右偏转,角度变大(图6-17)。

◆ 对实验进行分析和总结(图6-18)。

实验:当压力逐渐增大时,注意观察压力测量仪指针偏转角度的变化。

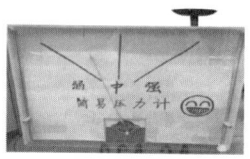

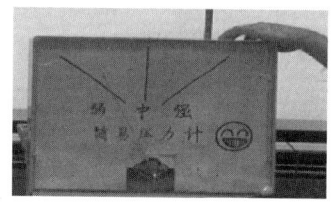

图6-15

图6-16

分析:当压力增大时,滑片向下移动,滑动变阻器,接入电路中的阻值减小,通过电流表的电流变大,指针向右偏转,角度也随着增大。

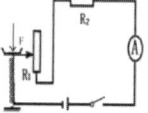

图6-17

图6-18

➢ 微课2."简易压力测量仪"的声音和节点

◆ 教师画外音:简易压力测量仪是用电流表改装成的,当托盘受到压力时指针会发

生偏转吗？（节点1）

◆教师画外音:指针发生偏转了吗？（节点2）

◆教师画外音:你能说说观察到的现象吗？说明了什么？（节点3）

◆教师画外音:电路里藏着什么元件？你能画出电路图并分析其中的原因吗？（节点4）

(4) 微课2."简易压力测量仪"在教学中的应用

在课堂教学中,教师问学生:你能列举一些变阻器在生活中应用的例子吗？学生:台灯调光旋钮、音箱音量旋钮等。教师继续问:同学们想了解变阻器在生活中的其他应用吗？教师播放简易压力测量仪微课。当播放到画面中出现简易压力测量仪时,在此处设置"节点1"。

教师按下暂停键问:简易压力测量仪是用电流表改装成的,当托盘受到压力时,指针会发生偏转吗？学生:可能会发生偏转。教师继续播放微课。当画面播放到用手往下按托盘时,在此处设置"节点2"。

教师按下暂停键问:指针发生偏转了吗？学生:偏转了。教师:说明了什么？学生:说明通过电流表的电流发生了改变。教师继续播放微课。当画面播放到教师逐渐加大按托盘的压力时,在此处设置"节点3"。

教师按下暂停键问:你能说说观察到的现象吗？学生:压力计指针向右偏转,角度变大。教师:说明了什么？学生:说明通过电流表的电流变大了。教师:你能说说里面的元件能起到什么作用？学生:能起到改变接入电路中电阻的作用。为了验证学生的猜想,教师继续播放微课。当画面播放到展示简易压力计背面结构时,在此处设置"节点4"。

教师按下暂停键问:电路里藏着什么元件？学生:滑动变阻器。教师:你能画出电路图并分析其中的原因吗？学生通过讨论思考,画出电路图并分析原因:当压力增大时,滑片向下移动,滑动变阻器接入电路中的阻值减小,通过电流表的电流变大,指针向右偏转,角度也随着增大。

【点评】本微课在教学应用过程中,学生一开始不知道简易压力测量仪的结构,面对"节点1"的暂停,只能做一些没有依据的猜测。在"节点2"设置暂停键,目的是让学生在观看实验的过程中,联想到电流发生了变化,引起学生的注意,让学生对暂停"节点3"进行思考与推测。借助电路图,利用暂停"节点4",让学生讨论分析问题,引导学生学以致用,培养学生运用所学知识解释、解决实际问题的意识;还可以向学生渗透物理源于生活、服务于社会的理念,使学生体会到物理是有用的,做到联系实际,放眼未来,进行潜移默化的情感渗透。学生在完成问题清单的过程中,本节学习的三维目标已经得到了很好的落实。

6.3.4 "变阻器"微课制作软、硬件和流程

(1)制作微课 1 和微课 2 所需软、硬件

①平板电脑或电脑、智能手机(DV 或录像机)、小型三脚架;②会"眨眼睛"的蜘蛛侠道具、简易压力测量仪;③视频编辑软件,如"剪辑师""爱剪辑""快剪辑"等。

(2)"变阻器"微课的制作流程

第 7 章　中学物理新课教学微课制作与应用

7.1　概念类课堂教学微课制作与应用

在众多的物理概念中,只有为数不多的可以称为基本概念。这些基本概念往往是指物理学中最基本、最核心的概念,它们在物理学的发展过程中贡献巨大,经常被运用,也是最具生命力的。在实际的物理概念教学中,应当根据课程标准的要求、物理概念的特点和学生的认知规律开展,这是常规物理概念教学过程的基本要求。应用微课可以整合以上要求,浓缩核心内容,提升在传统教学、线上教学、翻转课堂中的学习效率,加深学生对物理概念的理解和掌握。

一般概念教学的过程应该遵循以上流程图中的原则和思路进行,这符合现代科学教育理论对概念教学的认识,也符合学生的认知规律。

7.1.1　"温度"教学板书与教学流程

(1)"温度"板书设计

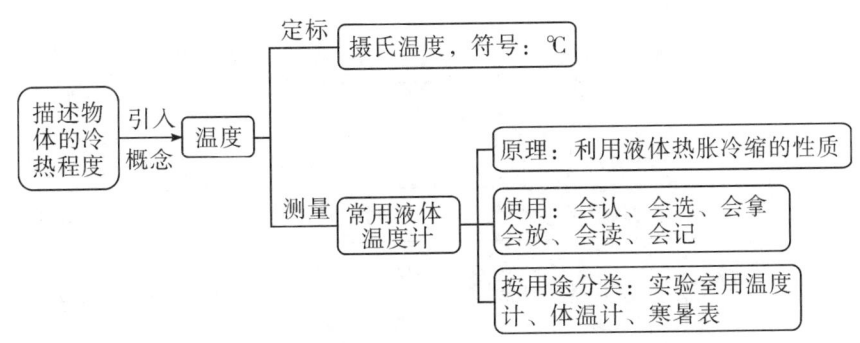

(2)"温度"教学流程

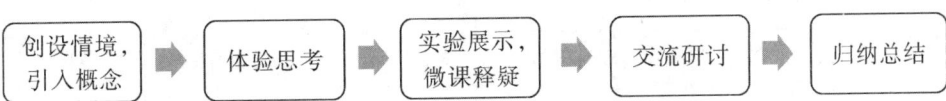

7.1.2 "温度"微课的任务清单与脚本

(1)"温度"微课学习任务清单

一、学习指南
课题名称:人教版《物理》八年级上册第三章第一节"温度"
达成目标:通过演示实验、学生实验及微课知道温度的概念,掌握温度计的使用方法
学法建议:利用微课和节点暂停功能掌握实验室用温度计和体温计的使用方法
课堂学习形式预告:在教学过程中插入微课,在暂停与师生互动过程中完善概念的内涵和外延
二、学习任务
1. 如何描述物体的冷热程度 2. 温度计的工作原理是什么 3. 如何正确使用温度计
三、资源链接
四、困惑与建议

(2)"温度"微课拍摄脚本设计分析

微课名称	温度——冰与火之歌
知识点描述	温度是表示物体冷热程度的物理量
知识点来源	人教版《物理》八年级上册第三章第一节 "温度"
教学类型	新课教学、演示实验、学生实验
适用对象	八年级学生
设计思路	通过课堂实验与微课视频暂停过程让学生理解概念、掌握方法

教学过程					
过程	内容	画面	声音	时间	备注
片头	课题	课件或视频文字	无	10秒	
概念教学	创设情境:建立温度概念	图7-1,图7-2,图7-3,图7-4	教师解读	70秒	
	强化概念:温度的定标、测量工具及使用方法	图7-5,图7-6	教师解读	100秒	
	迁移:体温计和温度计异同		教师解读	22秒	
结尾	拓展延伸		教师解读	40秒	

7.1.3 "温度"微课内容、节点与教学应用

(1)"感受物体的冷热程度"微课的内容与节点

➤微课 1."感受物体的冷热程度"的画面

◆我们凭借感觉来判断物体的冷热,如图 7-1 所示。

◆我们的感受准确吗？如图 7-2 所示。

图 7-1　　　　　　　　　　图 7-2

➤微课 1."感受物体的冷热程度"的声音和节点

◆教师画外音:生活中的物体有明显的冷热差异时,我们依靠什么来判断物体的冷热？（节点 1）

◆教师画外音:单凭感觉判断物体的冷热,可靠吗？（节点 2）

(2)微课 1."感受物体的冷热程度"在教学中的应用

教师播放微课视频,暂停并提问:生活中的很多物体有冷热差异,该怎样判断物体的冷热呢？取出准备好的冷、热水各 1 杯,继续问:这是一杯热水和一杯冷水,有什么办法分辨出冷水和热水？学生:用手触碰一下就可以知道了。老师:回答正确。邀请学生一起参与实验。蒙住学生眼睛,让学生分别用 2 只手依次放入冷、热水杯中,及时追问学生的感受:感觉右手是在冷水中,左手是在热水中。通过感觉判断出冷水和热水,引出温度的概念,并知道热的物体温度高,冷的物体温度低（图 7-1）。在此处设置"节点 1"。

教师继续取出提前准备好的温水,让学生把 2 只手都放入温水杯中（图 7-2）,问学生:此时你的手感觉是冷的还是热的？学生:感觉右手在热水中,左手在冷水中。此时的感觉和前一组实验结论完全相反,追问:同一杯温水,为什么 2 次结论不同？这说明了什么？学生:我们单凭感觉去判断物体的冷热,是不可靠、不科学的。老师:正确。所以我们需要用科学的工具来准确地测量物体的温度,判断物体的冷热。这个工具是什么呢？学生:温度计。引出下一个教学环节。在此处设置"节点 2"。

【点评】我们如果仅凭借感觉去判断同一个物体在不同环境下的冷热程度,这样得出的结论往往是不可靠的。由此引发学生思考"如何科学地表达物体的冷热程度？"通过有效的情境铺垫后,在这个环节,制作者充分考虑到学生已获得的感性认识,直接引导学生

说出本节的核心概念——温度,并用简短的实例和语言描述出"温度"的意义,加深学生对概念内涵的理解。

(3)"液体温度计使用"微课的内容与节点

➢ 微课 2."液体温度计使用"的画面

◆ 温度计是利用液体热胀冷缩的性质制成的,如图 7-3 所示。

◆ 摄氏温度的定标,如图 7-4 所示。

◆ 温度计的正确使用,如图 7-5 所示。

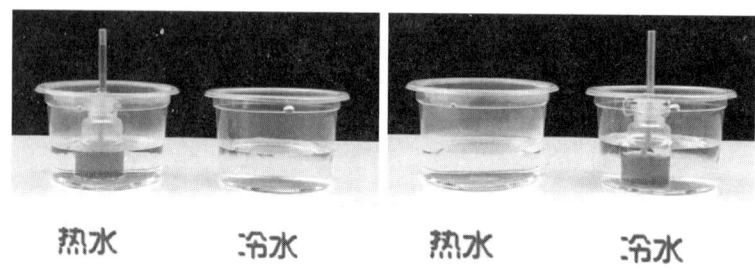

图 7-3

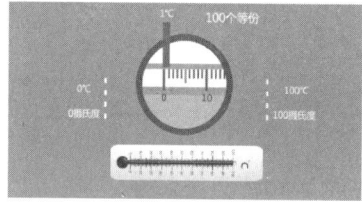

图 7-4

图 7-5

➢ 微课 2."液体温度计使用"的声音和节点

◆ 教师画外音:能否用自制的温度计分辨冷水和热水?为什么?(节点1)

◆ 教师画外音:能否利用自制的温度计测出具体的温度值?(节点2)

◆ 教师画外音:如何正确使用温度计?(节点3)

(4)微课 2."液体温度计的使用"在教学中的应用

图 7-6

老师在课堂展示自制温度计(图 7-6),问学生:能否用这套装置分辨出桌上的热水和冷水?学生:能。老师演示自制温度计分辨热水和冷水的实验,学生可清晰观察到液柱的上升和收缩。老师继续追问:为什么会出现这种现象?此处为"节点1"的暂停。学生通过观察,结合微课视频,分析出自制温度计在热水和冷水中表现不同现象的原因,最后说出原理。

到了"节点2",再次按暂停键,老师引导:能否利用自制的温度计测出具体的温度值?通过前面的实验,学生已知道只能粗略地比较,并不能准确测量温度值,所以会在已获得知识(刻度尺等)的基础上,思考并回答:不能。要给自制的温度计标上单位和刻度才可以。继续播放微课,给学生分发实验室用温度计,指导学生结合微课及实物器材,学习摄氏温度的来历以及如何定标(图7-4)。明确温度计的定标不能根据人体对温度的主观感受而定。

教师指导学生认真阅读教材内容,了解温度计的基本构造特点和使用要点后,面对"节点3"的问题,学生群体中已有了基本的认识。这时候继续播放微课(图7-5),引导学生再次梳理归纳温度计的正确使用方法,并进行实操。

【点评】在学生建立起温度的概念,了解其物理意义后,继续引出温度的外延问题——利用温度计准确测量物体的温度。视频中清晰简单地描述了温度计的发展、分类以及工作原理,重点归纳了摄氏温度、摄氏温度的定标和常用温度计的使用方法。温度的测量作为预备性知识和学生学习本章所应具备的基本技能,是本节的重点内容。在视频中也是用清晰的动画,简洁的语言,总结了实验室常用温度计的正确使用方法,通俗易懂,帮助学生轻松归纳,突破重点。

7.1.4 "温度"微课制作软、硬件和流程

(1) 制作微课1和微课2所需软、硬件

①多媒体电脑、智能手机等拍摄工具、小型三脚架;②各种温度计、烧杯、开水、冷水、温水、眼罩、小玻璃瓶、细玻璃管、橡皮塞等;③视频编辑软件,如"剪辑师""爱剪辑""快剪辑",视频录制软件"班迪录屏"等。

(2) "温度"微课的制作流程

准备课件 → 准备实验器材 → 录制演示实验 → 录制实验解读 → 录制编写片头和片尾 → 合成和编辑 → 封装与上传 → 教学中应用

7.2 规律类课堂教学微课制作与应用

物理规律教学阐述的是物理过程中内在的、本质的联系。这种联系决定物理现象发展变化的必然趋势,常表述为定律、定理、原理等,一般要在对物理现象充分分析研究的基础上总结出来。物理规律教学中不仅要让学生掌握规律本身,还要对规律的建立过程、研究问题的科学方法深入了解,更重要的是要应用规律来解决具体问题,要对物理规律教学进行设计,要精心设计实验、认真准备引导的问题、仔细思考各环节的落实、详细讲解规律中的含义、寻找生活中的应用,及时按下暂停键,给予学生思考的时间,让学生理清思路,了解规律的由来、含义和应用,培养学生良好的思维习惯、科学探究和知识迁移的能力。

7.2.1 "牛顿第一定律"教学板书与教学流程

（1）"牛顿第一定律"板书

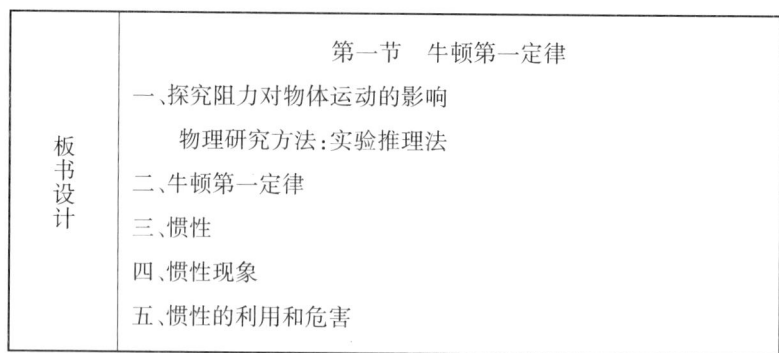

（2）"牛顿第一定律"教学流程

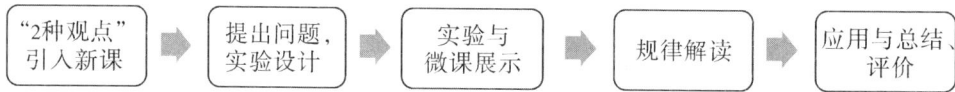

7.2.2 "牛顿第一定律"微课的任务清单与脚本

（1）"牛顿第一定律"微课学习任务清单

一、学习指南
课题名称：人教版《物理》八年级下册第八章第一节"牛顿第一定律"
达成目标：了解牛顿第一定律，知道如何解释惯性现象
学法建议：通过微课碎片化和节点暂停功能使学生理解牛顿第一定律
课堂学习形式预告：在教学过程中插入微课，在暂停与师生互动过程中寻找规律
二、学习任务
1.实验探究：阻力对物体运动的影响 　2.理解牛顿第一定律并会解释生活中的惯性现象
三、资源链接
四、困惑与建议

（2）"牛顿第一定律"微课拍摄脚本设计

录制时间：　　年　月　　微课时间：　分　秒

微课名称	牛顿第一定律
知识点描述	牛顿第一定律，惯性现象
知识点来源	人教版《物理》八年级下册第八章第一节"牛顿第一定律"

续表

教学类型	新课教学及演示实验
适用对象	八年级学生
设计思路	以实验为基础,引导学生理解概念、找到方法解决实际问题

教学过程(微课 1)

过程	内容	画面	声音	时间	备注
片头	课题	课件	无	6 秒	
实验:探究阻力对物体运动的影响	实验设计	图 7-7	解读	70 秒	
	实验探究	图 7-8	演示与解读	163 秒	
	实验小结	图 7-9	讲解	44 秒	
定律解读	牛顿第一定律解读	图 7-10,图 7-11	解读	113 秒	

教学过程(微课 2)

过程	内容	画面	声音	时间	备注
片头	课题	课件	无		
实验与教学	提出问题	图 7-12		11 秒	
	汽车急刹车时情况	图 7-13	演示实验	22 秒	
	分析原因	图 7-14	解读	30 秒	
结尾	总结方法	图 7-15	教师总结	51 秒	

7.2.3 "牛顿第一定律"微课内容、节点与教学应用

(1)"牛顿第一定律"的内容与节点

▷微课 1."牛顿第一定律"的画面

◆思考如何探究阻力对物体运动的影响(图 7-7)。

◆演示探究阻力对物体运动影响的实验过程(图 7-8)。

◆根据实验现象推理得到实验结论,并得到牛顿第一定律(图 7-9)。

◆牛顿第一定律的解读(图 7-10、图 7-11)。

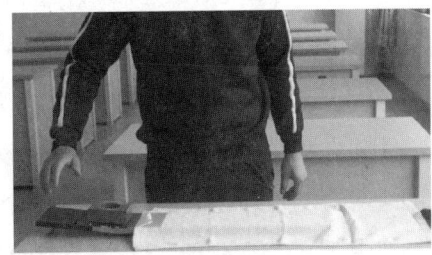

图 7-7　　　　　　　　　　　图 7-8

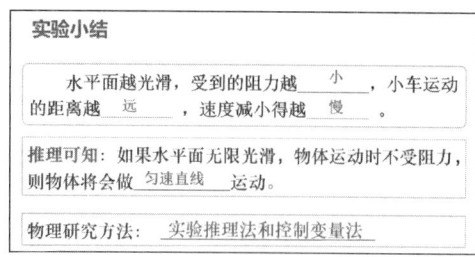

图 7-9

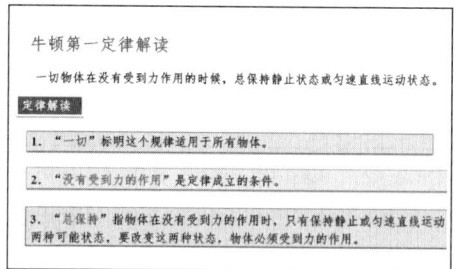

图 7-10

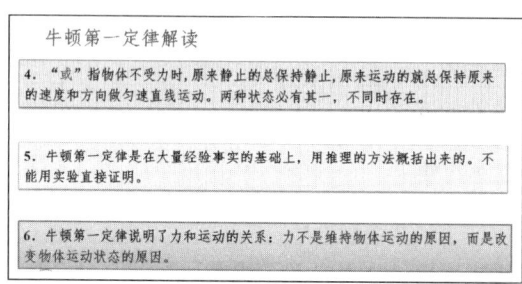

图 7-11

➤微课1."牛顿第一定律"的声音和节点

◆教师画外音:物体受到的阻力改变时,运动状态会改变吗?（节点1）

◆教师画外音:阻力不断减小时,物体运动速度减小得（节点2）越来越慢了。

◆教师画外音:在实验的基础上,通过推理把规律概括出来的方法是（节点3）实验推理法（或叫科学推理法）。

◆教师画外音:能从定律中找到它的适用范围、应用条件和含义吗?（节点4）

(2)微课1."牛顿第一定律"在教学中的应用

在课堂教学过程中,教师准备引导学生学习如何探究阻力对物体运动的影响。虽然是演示实验,但实验的设计需要学生动脑思考,教师提出问题并给以指引。按下暂停键（在此处设置"节点1"）,让学生认真思考,知道为什么这样做,原理是什么,要观察什么现象。教师提问:研究对象是谁?学生:运动的物体(小车)。教师:实验中我们可以用什么办法改变阻力的大小?学生:改变接触面的粗糙程度。教师:物体运动状态的变化我们可以通过观察什么现象知道?学生:物体运动速度大小的变化。教师:我们在实验过程中,控制了什么量不变?学生:物体运动的初始状态不变(物体运动的初始速度不变)。

课堂教学过程中,做完实验后,教师按下"节点2"暂停键,问:阻力在不断减小时,物体运动距离是如何变化的?学生:运动距离越来越长。教师:说明物体的运动速度减小的情况怎样?学生:越来越慢。继续播放微课。

得到结论后,教师按下"节点3"的暂停键问:阻力为零时物体的运动能否直接通过实验得到?学生:不能。教师:那我们怎么知道阻力为零时物体的运动状态呢?学生:逐渐减小阻力,然后推理得到。教师:我们把这种研究方法叫什么?学生:推理法。教师:你还知道什么结论也是通过这种方法得到的?学生:真空不能传声。

得到实验结论后,顺理成章地引出牛顿第一定律,并对牛顿第一定律的关键词语进行解读,让学生对牛顿第一定律理解得更充分。教师提问:我们能从定律中找到它的适用范围、应用条件和其他含义吗?教师按下"节点4"暂停键,让学生思考,然后进行解读。

【点评】本微课在教学应用过程中,教师通过"节点1"的暂停,帮助学生梳理探究实验的设计思路,通过问题引导,让学生明确实验为什么这样设计,怎样做实验;通过"节点2"的暂停,让学生观察和思考;通过"节点3"的暂停,强调实验中的方法应用。在学生思考与师生互动过程中,达成了实验目标并突出了重点和难点。规律教学中,一定要注意它的适用范围、应用条件等。课本中对规律的表述是很严谨的,每一个字、每一个词都需要仔细思考、认真领会它的含义。在教学过程中,按下暂停键,让学生思考,学会研读规律,发现规律的奥妙。本节课的内容没有数学表达式,我们在其他的规律教学中对于用数学语言即公式表达的物理规律,还应特别注意让学生从物理意义上去理解公式中各物理量之间的数量关系,而不能从纯数学的角度去理解。

(3)"刹车时的惯性现象"微课内容和节点

➤微课2."刹车时的惯性现象"的画面

◆提出问题:高速行驶的汽车突然制动会发生什么现象(图7-12)?

◆演示:高速行驶的汽车突然制动(图7-13)。

◆分析:突然制动时车翻转的原因(图7-14)。

◆总结:如何解释惯性现象(图7-15)。

图7-12

图7-13

原来：车是在高速运动的。

受力部分：车突然刹车，轮胎受力，速度减小。

如何解释惯性现象：
(1)确定研究对象并判断物体原来的运动状态。
(2)判断物体是否受力，如果：
①受力：物体运动状态会发生改变。
②不受力：物体由于具有惯性，要保持原来的运动状态。
(3)根据题目回答所发生的现象。

不受力的部分：车的上部由于具有惯性继续保持原来速度向前运动。

现象：车翻了过来。

图 7 – 14   图 7 – 15

➤微课 2. "刹车时的惯性现象"的声音和节点

◆教师画外音：急刹车时会出现什么情况？（节点 1）

◆教师画外音：车为什么会翻转过来呢？（节点 2）

◆教师画外音：生活中的惯性现象该怎样解释呢？（节点 3）

(4)微课 2. "刹车时的惯性现象"在教学中的应用

学习了牛顿第一定律后，学生对物体不受力时的情况有了认识，但对如何应用于生活却不清楚。通过实验，教师提出问题：如果遇到紧急情况刹车，会出现什么情况？（此时设置"节点 1"）学生对结果进行思考并结合生活中的经验提出猜想。在实验和微课观察过程中，看到车没有马上停下来，而是滑行了一段距离并且翻转了过来（此时设置"节点 2"），让学生结合牛顿第一定律思考其中的原因。随后，教师引导学生分析研究物体（汽车）原来是在高速运动的，汽车突然刹车时，轮胎受力，速度减小，车的上部由于具有惯性继续保持原来速度向前运动，结果车翻了过来。通过对事例的分析，再次提问：生活中的惯性现象该怎样解释呢？（此时设置"节点 3"）通过刚才的现象解释，学生对如何解释惯性现象已经有了大概的认识，再通过思考、总结，教师加以引导，让学生分析受力的物体（或部分）和不受力的物体（或部分）的运动状态，使之对这类问题形成一套解决的方法。

【点评】学生在日常生活中经常遇到惯性现象，虽然根据生活经验能够判断出常见的惯性现象的结果，却不会解释。本微课在教学的应用过程中，突出了方法的指导。通过一个有趣的惯性实验，在提高学生学习兴趣的同时，激发了学生的求知欲，让他们非常想知道是为什么。有了"节点 1"的思考和"节点 2"的解释，进一步到"节点 3"的归纳升华，本节课的学习目标已经完成。

7.2.4 "牛顿第一定律"微课制作软、硬件和流程

(1)制作微课 1 和微课 2 所需软、硬件

①电脑、录像机、小型三脚架;②演示实验所用木板、斜面、小车、毛巾、棉布;③演示实验所用棋子、钢尺;④视频编辑软件,如"快剪辑""Camtasia Studio 8"。

(2)"牛顿第一定律"微课的制作流程

准备课件 → 准备实验器材 → 录制演示实验 → 录制实验解读 → 录制编写片头和片尾 → 合成和编辑 → 封装与上传 → 教学中应用

7.3 探究类课堂教学微课制作与应用

科学探究既是学生的学习目标,又是重要的教学方式。课堂教学中注重采用探究式的教学方法,让学生经历与科学工作者进行的相似的探究过程,主动获取物理知识,领悟科学探究方法,发展科学探究能力,体验科学探究的乐趣,养成实事求是的科学态度和勇于创新的科学精神。探究类实验型微课能够模拟完整的探究过程,呈现实验的关键环节,教给学生科学思维和科学方法,提高课堂效率,帮助学生独立操作。

7.3.1 "平面镜成像"教学板书与教学流程

(1)"平面镜成像"板书

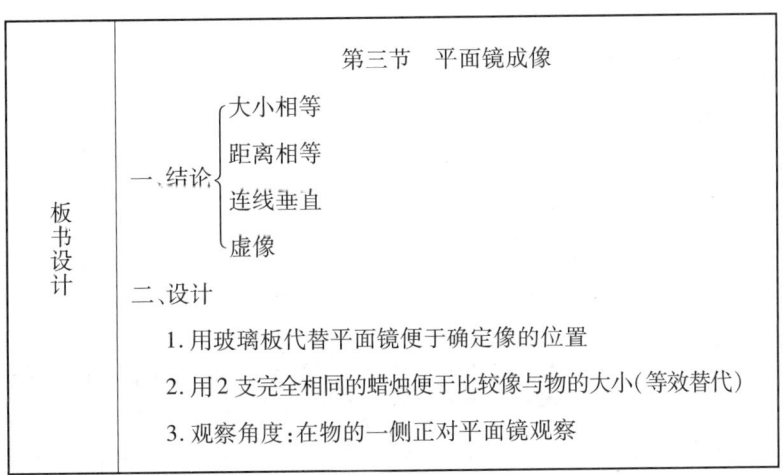

(2)"平面镜成像"教学流程

准备课件 → 准备实验器材 → 录制演示实验 → 录制实验解读 → 录制编写片头和片尾 → 合成和编辑 → 封装与上传 → 教学中应用

7.3.2 "探究平面镜成像"微课的任务清单与脚本

本微课由教师设计并录制,以实验操作步骤为线索,介绍了操作的顺序,并结合生活中的有关现象进行拓展,引导学生评估与反思。学生观看微课有助于接下来的自主实验,可提高实验的成功率,培养创新思维。

(1)"探究平面镜成像"微课学习任务清单

一、学习指南

课题名称:人教版《物理》八年级上册第四章第三节"平面镜成像"

达成目标:通过演示实验微课,学习实验的步骤

学法建议:利用微课碎片化和节点暂停功能理解实验的重点和难点

课堂学习形式预告:在教学过程中插入微课,在暂停与师生互动过程中理解实验步骤

二、学习任务

1. 能按照正确的步骤探究平面镜成像的特点
2. 能说出实验设计的要点及原因
3. 能对实验过程进行评估和拓展

三、资源链接

四、困惑与建议

(2)"探究平面镜成像"微课拍摄脚本设计

录制时间: 年 月　　微课时间: 分 秒

微课名称	探究平面镜成像				
知识点描述	平面镜成正立、等大、等距的虚像				
知识点来源	人教版《物理》八年级上册第四章第三节"平面镜成像"				
教学类型	新课教学及演示实验				
适用对象	八年级学生				
设计思路	通过演示实验与重点讲解,帮助学生理清实验操作步骤,培养评估能力与创新思维				
教学过程					
过程	内容	画面	声音	时间	备注
片头	课题	课件或视频文字	无	9秒	
实验与教学	探究平面镜成像实验步骤	图7-16,图7-17,图7-18	教师解读	85秒	
	探究平面镜成像实验评估与拓展	图7-19,图7-20,图7-21	教师解读	30秒	
结尾	结论与问题清单				

7.3.3 "探究平面镜成像"微课内容、节点与教学应用

(1)"探究平面镜成像"微课的内容与节点

➤微课 1."探究平面镜成像"的画面

◆摆放器材,放置玻璃板,如图 7-16 所示。

◆点燃蜡烛 A,移动蜡烛 B 并确定蜡烛 A 的像的位置,如图 7-17 所示。

◆描点确定物、像的位置,如图 7-18 所示。

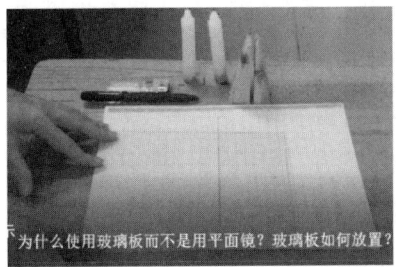 

图 7-16　　　　　　　　图 7-17

图 7-18

➤微课 1."探究平面镜成像"的声音和节点

◆教师画外音:为什么使用玻璃板而不是用平面镜?玻璃板如何放置?(节点 1)

◆教师画外音:蜡烛 B 是否点燃?如何操作蜡烛 B?(节点 2)

◆教师画外音:完成一次实验之后?如何继续操作?(节点 3)

(2)微课 1"探究平面镜成像"在教学中的应用

在师生共同设计了探究平面镜成像实验的方案之后,教师播放微课。当实验操作拿出玻璃板后,在此处设置"节点 1"。

教师按住暂停键问:为什么使用玻璃板而不是用平面镜?学生:这样可以方便确定像的位置。教师追问:玻璃板如何放置?学生:垂直于纸面放置。教师继续播放微课。当播放至将蜡烛 A 点燃后置于玻璃板前时,在此处设置"节点 2"。

教师按住暂停键问:蜡烛 B 是否点燃?如何操作蜡烛 B?学生:蜡烛 B 不需要点燃,将蜡烛 B 放到玻璃板的那一边,移动 B 直到与蜡烛 A 的像重合为止。教师继续播放微

课。当完成一次实验时,在此处设置"节点3"。

教师按住暂停键问:一次实验做完之后,该如何操作?学生:改变蜡烛A的位置,多做几次实验。教师追问:这样做的目的是什么?学生:使实验结论具有普遍性。

【点评】对探究平面镜成像实验的设计方法的理解是本课的难点,清楚实验操作步骤是重点。从以往的教学来看,学生在没有充分理解设计方法和操作步骤的前提下,进行实验错误率高,甚至有的小组无所适从。本微课教学能较好地解决这个问题:在对实验的设计思路有了初步认识之后,通过微课教学,进一步简洁高效地明确实验步骤及注意事项,能提高效率、规范操作,保证实验顺利进行。同时,通过几个节点的暂停和师生互动,可以让学生进一步加深对实验设计要点的认识。

(3)"探究平面镜成像实验评估与拓展"微课内容与节点

➤微课2."探究平面镜成像实验评估与拓展"的画面

◆实验中移动蜡烛B的情景,如图7-19所示。

◆白天、晚上分别透过车窗玻璃看外面的情景,如图7-20所示。

◆小车的前挡风玻璃是倾斜设计的,如图7-21所示。

图7-19

白天透过车窗玻璃看不到自己的像,晚上却可以

图7-20

小车的前挡风玻璃为什么要倾斜设计?

图7-21

➤微课2."探究平面镜成像实验评估与拓展"的声音和节点

◆教师画外音:如果蜡烛B也点燃,对实验有何影响?(节点1)

◆教师画外音:白天透过车窗玻璃看不到自己的像,而晚上车内开灯时却可以看到。

这是为什么？（节点2）

◆教师画外音：小车的前挡风玻璃为什么要倾斜设计？（节点3）

(4) 微课2."探究平面镜成像实验评估与拓展"在教学中的应用

在学生结束实验并得出结论后，进入评估交流环节。播放微课，移动蜡烛B，在此处设置"节点1"。

教师按住暂停键问：同学们，如果在刚才的实验过程中，将蜡烛B也点燃，对实验会有什么影响？有学生说"应该没有影响"，有学生说"看到的像会更亮"，还有学生说"看到的像会更暗"……教师：同学们提出了不同的猜想，那就动手实验验证一下你的猜想。实验后，学生得到了"看到的像更加模糊不清"的结论。教师继续播放微课。坐车时，白天透过车窗玻璃看不到自己在玻璃里所成的像，而晚上车内开灯时却能看到。在此处设置"节点2"。

教师按住暂停键问：这个现象能从刚才的实验中找到答案吗？学生：能。白天，车外的光很强，相当于将蜡烛B点燃了，所以就看不到像；晚上，车外是暗的，我们就可以看到清晰的像了。教师：非常好！同学们能用实验得到的结论解释生活中的现象，接下来再看一个生活中的现象。教师继续播放微课。小车的前挡风玻璃一般设计成倾斜的形状，除了减少阻力等原因之外，从光学的角度来看，包含了什么样的知识呢？在此处设置"节点2"。

教师按住暂停键，让学生思考后回答。学生：根据平面镜成像的特点，车内的物体成像在前挡风玻璃的斜上方，这样就可以减少对视线的干扰。教师：回答得很正确，这是平面镜成像的特点在生产中的应用。除了这个原因，还有其他原因，同学们可以课后继续思考。

【点评】本微课的设计与应用有以下3个亮点：一是先介绍实验操作步骤，然后从实验过程出发提出问题，引领学生反思，又通过实验验证，提高了实验操作与反思能力。二是通过实验中与桌面垂直的玻璃、生活中竖直的车窗玻璃，以及斜的小车前挡风玻璃3种情景成像，完成对"像、物对称"这一特点的理解。三是通过拓展，让学生运用知识解释生活生产中的现象，培养学生科学探究的意识和实验操作能力，体现"物理走向社会"的课程理念。

本课例对教学的启示：一是把握学生的知识生成。将蜡烛B也点燃，确实是在不少课堂中出现，面对这样的情况，教师可以大胆让学生试错，观察错误操作带来的影响，从而进一步思考原因。这样的探究过程对学生来说是非常深刻的。二是提升学生的评估能力。经常引导学生在实验后思考，为什么要这样操作？不这样操作会怎样？通过对比思考加深对实验的理解。三是培养学生的问题意识。思考现象中蕴含的学科知识，善于在不同生活场景中寻找相同的物理知识，进一步对相关实验进行反思，融合生活体验，达到对物理知识的融会贯通。

7.3.4 "探究平面镜成像"微课制作软、硬件和流程

(1) 制作微课 1 和微课 2 所需软、硬件

①多媒体电脑、智能手机(DV 或录像机)、小型三脚架;②玻璃板、2 支完全相同的蜡烛、白纸;③视频编辑软件,如"剪辑师""爱剪辑""快剪辑"等。

(2) "探究平面镜成像"微课的制作流程

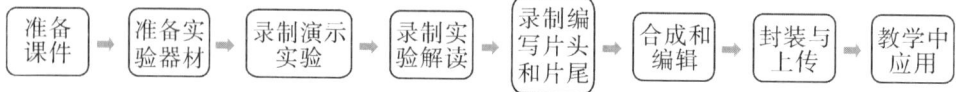

第8章　中学物理复习课的微课制作与应用

8.1　单元复习类微课制作与应用

相对于传统复习课,复习类微课可重复使用。在课堂上未来得及消化的内容,学生可以在课后利用微课进行多次复习,加强巩固。微课能解决学生个体差异问题。高效的复习课应该能照顾到每个学生的差异,而传统复习课只能解决共性问题。学生可以利用复习类微课,针对自己的薄弱知识点加以攻克与巩固,针对性强,效率高。

8.1.1　"声现象"单元复习课板书与教学流程

(1)"声现象"单元复习课板书

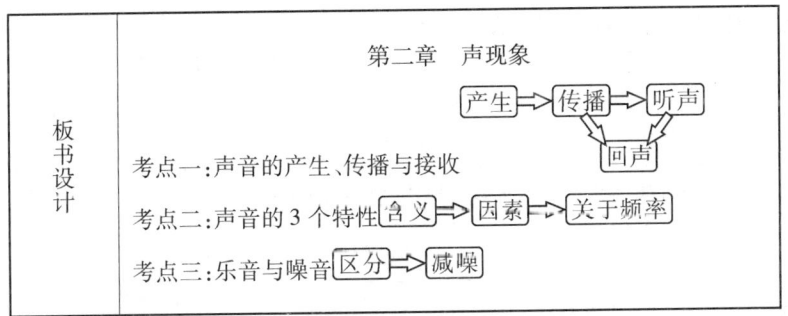

(2)"声现象"单元复习课教学流程

课前:思维导图 ⇒ 课堂:实例+梳理 ⇒ 重难点:微课——回声 ⇒ 重难点:微课——波形图

8.1.2　"声现象"单元复习微课的任务清单与脚本

单元复习微课的作用应该是协助学生梳理知识脉络,包括课本实验、插图、典型课后习题、类型题及方法,同时帮助学生突破难点、易错点等。

(1)"声现象"单元复习微课学习任务清单

一、学习指南

课题名称:人教版《物理》八年级上册第二章"声现象"

达成目标:通过图解回声概念,加深对声音传播的认识,掌握利用回声计算的类型题

续表

学法建议:利用微课碎片化和节点暂停功能加深对回声的认识
课堂学习形式预告:在教学过程中插入微课,在暂停与师生互动过程中寻找规律
二、学习任务 1. 图解回声概念,加深对声音传播的认识 2. 掌握回声定位相关计算,为回声测速做准备
三、资源链接
四、困惑与建议

（2）"声现象"微课拍摄脚本设计

录制时间:　　年　月　　微课时间:　分　秒

微课名称	声现象
知识点描述	回声与距障碍物远近的关系,回声定位计算
知识点来源	人教版《物理》八年级上册第二章"声现象"
教学类型	单元复习课
适用对象	八年级学生
设计思路	通过图解的方式与视频暂停过程让学生对问题有直观认识

<table>
<tr><td colspan="6">教学过程</td></tr>
<tr><th>过程</th><th>内容</th><th>画面</th><th>声音</th><th>时间</th><th>备注</th></tr>
<tr><td>片头</td><td>课题</td><td>课件或视频文字</td><td>无</td><td>4 秒</td><td></td></tr>
<tr><td rowspan="2">实验与教学</td><td>回声与距离</td><td>图 8-1,图 8-2,图 8-3</td><td>教师解读</td><td>25 秒</td><td></td></tr>
<tr><td>回声定位计算</td><td>图 8-4,图 8-5,图 8-6</td><td>教师解读</td><td>33 秒</td><td></td></tr>
<tr><td>结尾</td><td>结论与问题清单</td><td></td><td></td><td>8 秒</td><td></td></tr>
</table>

8.1.3 "声现象"微课内容、节点与教学应用

（1）"图解回声概念"微课的内容与节点

▶微课 1. "图解回声概念"的画面

◆回忆回声概念(图 8-1)。

◆提问:距障碍物远近对回声有何影响？（图 8-2）。

◆图解回声概念,如图 8-3 所示。

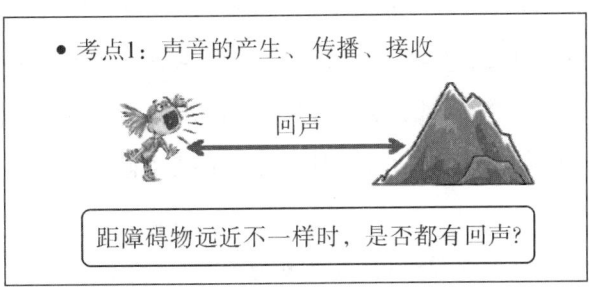

图 8-1

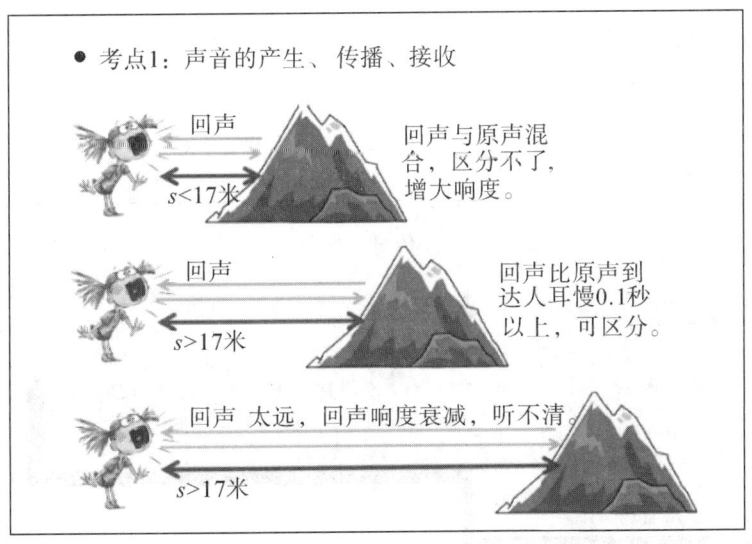

图 8-2

图 8-3

➤微课 1. "图解回声概念"的声音和节点

◆教师画外音:请利用思维导图回忆回声概念。(节点 1)

◆教师画外音:距离障碍物远近不一样时,是否都有回声?(节点 2)

◆教师画外音:根据图解的3种情况,解决以上问题。(节点3)

(2)微课1."图解回声概念"微课在教学中的应用

引导学生利用课前布置的思维导图,梳理与回声有关的知识点:回声概念、人耳区分回声条件。在此处设置"节点1"。

教师:人离障碍物距离不一样时对回声有什么影响?在此处设置"节点2",让学生自行思考与讨论,学会利用之前知识点解决问题,提升学生解决问题能力。

学生讨论分享后,展示关系图。请学生就图片进行归纳小结。

学生:根据回声的概念,只要有障碍物,不管远近,都会产生回声。

学生:根据人耳区分原声与回声的条件是两者到达人耳时间差大于0.1秒,计算得出要距离障碍物17米以上,才可以区分回声,否则只能混在一起增大响度。

学生:根据影响响度的2个因素是声源振幅与距声源远近,如果障碍物非常远,声音响度衰减,虽然有回声,人耳也可以区分,但人的耳朵已经感知不到这部分回声。在此处设置"节点3"。

【点评】学生回忆知识点后,对知识点是否理解到位、是否会运用知识点解决问题是衡量复习质量的一个重要指标。利用微课暂停,直观的图解功能,引导学生学会运用知识解决问题,提升复习效率。还可以供学生课后多次复习、加强、巩固之用。

(3)"回声定位"微课内容与节点

➢微课2."回声定位"的画面

◆回顾课本经典例题,提醒需要注意的易错点,如图8-4所示。

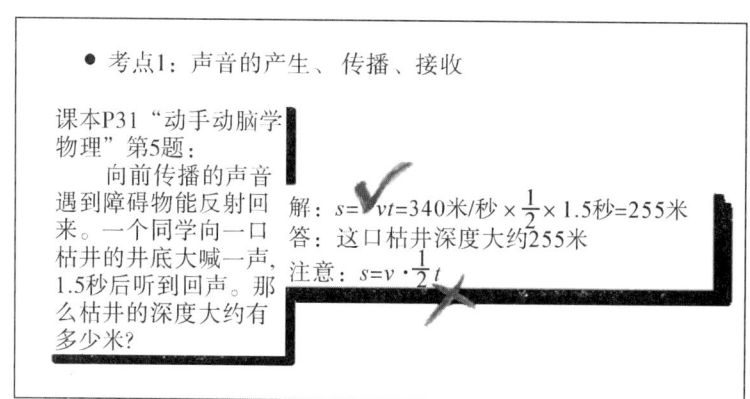

图8-4

◆动态回声定位例题,要求图解该问题,如图8-5所示。

◆思考题目还可以如何变化,如图8-6所示。

第 8 章　中学物理复习课的微课制作与应用

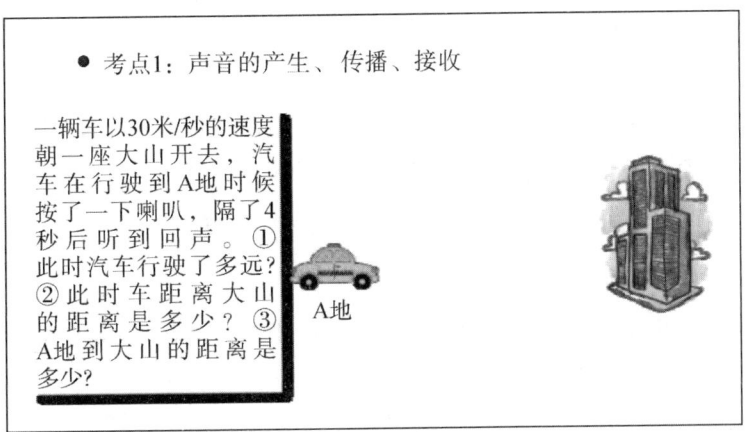

图 8-5

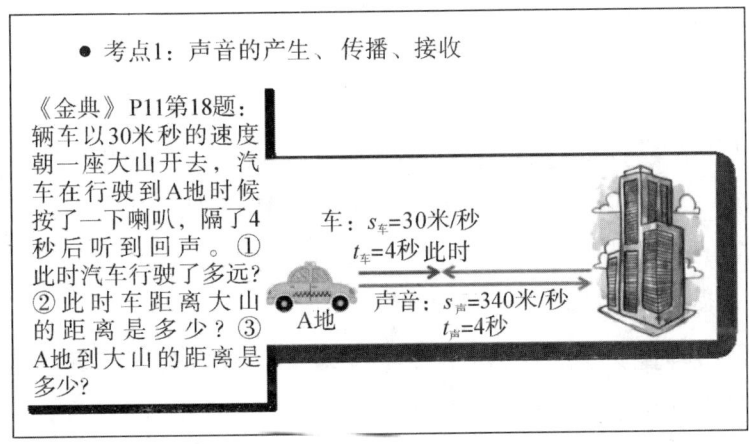

图 8-6

➢微课 2."回声定位"例题的声音和节点

◆教师画外音:回顾课本"回声定位"例题,注意书写格式。(节点 1)

◆教师画外音:声源和接收回声的主体是移动的,这类回声定位题该如何图解?(节点 2)

◆教师画外音:这类动态回声定位题还可以怎么变化?(节点 3)

(4)微课 2."回声定位"在教学中的应用

教师让学生回顾课本"回声定位"经典例题,写完整过程。在此处设置"节点 1",提醒学生正确书写公式。

教师:课本的经典例题中,声源和接收回声的主体是固定不动的,如果处于动态,这类动态回声定位的题目该如何解答?在此处设置"节点 2"。引导学生用图解的方式,直观理解这类问题。

教师:例题中的小车是朝靠近障碍物的方向行驶的,如果远离障碍物呢?此处设置

139

"节点3",引导学生继续用图解的方式,进一步加深对图解方法的掌握,为后面回声测速做准备。

【点评】许多复杂的物理情境都可以用图解的方式解决,直观的展示可以把复杂问题简单化。微课的展示方式为学生提供了解决问题的便利工具。

8.1.4 "声现象"单元复习微课制作软、硬件和流程

(1)制作微课1和微课2所需软、硬件

①平板电脑或电脑、智能手机(DV或录像机)、小型三脚架;②视频编辑软件,如"剪辑师""爱剪辑""快剪辑"等。

(2)"声现象"单元复习微课的制作流程

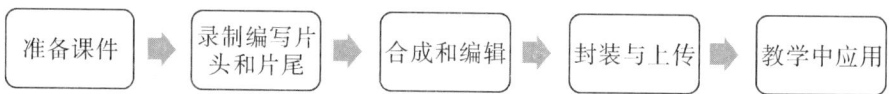

8.2 备考复习类微课制作与应用

复习课没有新课的新鲜感,没有实验课的趣味性,课堂往往显得枯燥无味,学生听课状态也不太好。如果把微课融入复习课当中,可以让复习课形式更加多样化。微课的内容以演示实验为主,再现问题的真实情景,不仅可以帮助学生解决难点,还可以提高学生学习热情,大大提高复习效率。

8.2.1 "应用等量关系测液体密度中考复习"教学板书与教学流程

(1)"应用等量关系测液体密度中考复习"板书

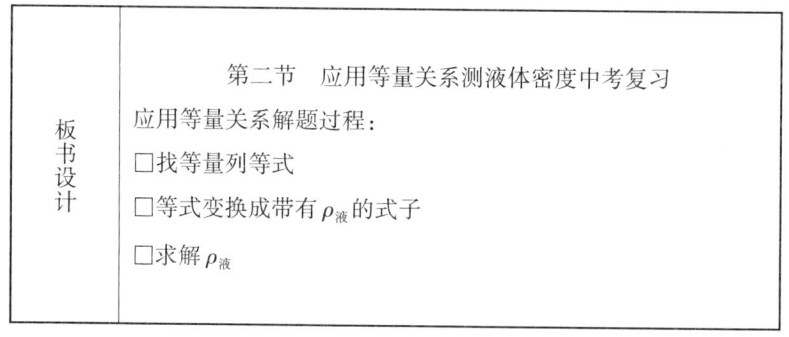

(2)"应用等量关系测液体密度中考复习"教学流程

问题新课引入 ➡ 微课展示 ➡ 归纳方法 ➡ 应用与评价

8.2.2 "应用等量关系测液体密度中考复习"微课的任务清单与脚本

微课在课堂教学中的作用是辅助教学,教师若想通过微课让学生知道学什么、怎样学,就需要设计好任务清单和录制微课的脚本。

第 8 章　中学物理复习课的微课制作与应用

(1)"应用等量关系测液体密度中考复习"微课学习任务清单

一、学习指南

课题名称:人教版《物理》"应用等量关系测液体密度中考复习"

达成目标:通过微课中演示实验,明确测液体密度的过程

学法建议:应用微课节点暂停功能,引导学生掌握应用等量关系测液体密度的方法

课堂学习形式预告:在教学过程中插入微课,在暂停与师生互动过程中寻找规律

二、学习任务

　1. 找到相同的物理量并列等式

　2. 应用等式求出液体密度

三、资源链接

四、困惑与建议

(2)"应用等量关系测液体密度中考复习"微课拍摄脚本设计

录制时间：　年　月　　微课时间：　分　秒

微课名称	应用等量关系测液体密度中考复习
知识点描述	求液体密度
知识点来源	人教版《物理》八年级
教学类型	备考复习课
适用对象	八、九年级学生
设计思路	通过演示实验的微课视频让学生体验测液体密度的方法

教学过程

过程	内容	画面	声音	时间	备注
片头	课题	课件或视频文字	无	9 秒	
实验与教学	用量筒测液体密度	图 8-7,图 8-8,图 8-9	教师解读	40 秒	
	用橡皮膜测液体密度	图 8-10,图 8-11,图 8-12,图 8-13	教师解读	50 秒	
结尾	结论与问题清单				

8.2.3 "应用等量关系测液体密度中考复习"微课内容、节点与教学应用

(1)"应用等量关系测液体密度中考复习"微课的内容与节点

➢ 微课1."用量筒测液体密度"的画面

◆ 演示实验视频,说明木球放入装水的量筒中时漂浮,如图8-7所示。

◆ 演示实验视频,说明木球放入装食用油的量筒中时漂浮,如图8-8所示。

◆ 用量筒测液体密度演示实验后推导和方法归纳,如图8-9所示。

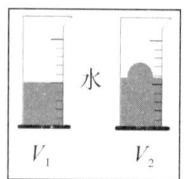

图8-7 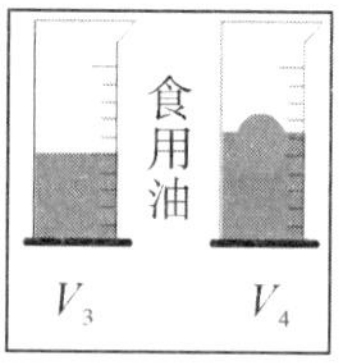　　　　图8-8

$$F_{水浮} = F_{油浮}$$
$$\rho_水 g(V_2-V_1) = \rho_油 g(V_4-V_3)$$
$$\rho_油 = \frac{\rho_水(V_2-V_1)}{V_4-V_3}$$

归纳解题思路:
● 找等量列等式
● 把等式变换成带有$\rho_油$的式子
● 求解

图8-9

➢ 微课1."用量筒测液体密度"的声音和节点

◆ 教师画外音:木球放入装水的量筒后是什么状态?(节点1)

◆ 教师画外音:木球放入装食用油的量筒后是什么状态?(节点2)

◆ 教师画外音:漂浮的木球在水和食用油中受到的哪些力是相等的?(节点3)

(2)微课1."用量筒测液体密度"在教学中的应用

教师播放微课视频。视频中老师往量筒中加水,然后把木球放入量筒中。在此处设置"节点1"。教师按住暂停键问:放入木球后看到了什么?学生:水面上升,木球漂浮。

教师继续播放微课视频。视频中老师把量筒中的水换成食用油,然后把木球放入量筒中。在此处设置"节点2"。教师按住暂停键问:放入木球后看到了什么?学生:油面上升,木球漂浮。教师:漂浮,说明什么?学生:浮力等于木球的重力。教师:2次都漂浮说明2次木球受到的浮力都等于木球的重力吗?学生:是的,说明2次木球受到的浮力是相等的。教师:我们可以用这2个浮力列等式$F_{水浮} = F_{油浮}$,然后变换公式就可以求出食用油的密度了。学生推导,教师指导和归纳方法。

【点评】在复习课中,结合微课视频,把实验过程的要点展示出来,可以让学生理解解题思路,掌握实验方法。

(3)"用橡皮膜测液体密度"微课内容与节点

➢ 微课2."用橡皮膜测液体密度"的画面

◆橡皮膜两面受到的压强不等时会向一边凸起,如图8-10所示。
◆橡皮膜没发生形变,两边液体对它的压强相等,如图8-11所示。
◆展示两液面到橡皮膜处的深度,如图8-12所示。
◆用橡皮膜测液体密度演示实验后推导,如图8-13所示。

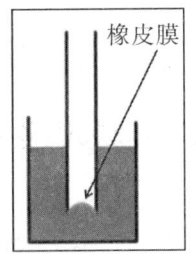 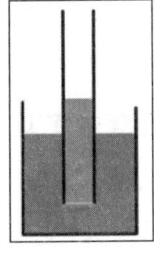 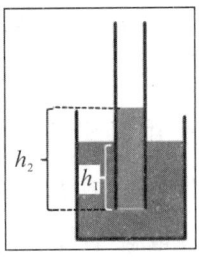

图8-10　　　　　图8-11　　　　　图8-12

解题思路:
· 找等量列等式　　　$P_{液} = P_{水}$
· 把等式变换成
　带有$\rho_{液}$的式子　　$\rho_{液} g h_2 = \rho_{水} g h_1$
· 求解　　　　　　　$\rho_{液} = \dfrac{\rho_{水} h_1}{h_2}$

图8-13

➤微课2."用橡皮膜测液体密度"的声音和节点
◆教师画外音:玻璃管一端套上橡皮膜插入水中,橡皮膜会怎么样?(节点1)
◆教师画外音:橡皮膜没发生形变,说明了什么?(节点2)
◆教师画外音:要测量哪些物理量?(节点3)

(4)微课2."用橡皮膜测液体密度"在教学中的应用

教师播放微课视频。视频中教师把玻璃管一端套上橡皮膜,然后插入水中。在此处设置"节点1"。教师按下暂停键问:看到了什么?学生:橡皮膜向上凸起。教师:为什么会向上凸起?学生:因为橡皮膜受到水向上的压强。

教师继续播放微课视频。视频中教师往玻璃管中倒待测液体,直至橡皮膜不发生形变。在此处设置"节点2"。教师按下暂停键问:又看到了什么?学生:橡皮膜,不向上凸,不发生形变了。教师:橡皮膜不发生形变,意味着什么?学生:橡皮膜受到向上和向下的压强是一样的。教师:我们用这2个压强列等式$p_{水} = p_{液}$,然后变换公式就可以求出液体的密度了。那么,我们还需要用刻度尺测出哪个物理量呢?学生:两液面到橡皮膜的深度。

教师继续播放微课视频。视频标示出要测的深度,在此处设置"节点3"。

教师按下暂停键说:请用等式 $p_水 = p_液$ 和已知量推导出液体的密度。学生推导,教师继续播放微课视频,总结要点。

【点评】微课实验着重展示了橡皮膜一边受到压强时会发生形变,当另一边也受到压强而且两边受到的压强一样时,不会发生形变,根据两边压强相等列出等式,求出液体密度。视频真实情景的展示让学生清楚了实验的每一个细节和要点。

8.2.4 "应用等量关系测液体密度中考复习"微课制作软、硬件和流程

(1)制作微课1和微课2所需软、硬件

①多媒体电脑、智能手机(DV或录像机)、小型三脚架;②量筒、木块、水、待测液体、玻璃管、橡皮膜、橡皮筋、刻度尺;③视频编辑软件,如"剪辑师""爱剪辑""快剪辑"等。

(2)"应用等量关系测液体密度中考复习"微课的制作流程

准备课件 → 准备实验器材 → 录制演示实验 → 录制实验解读 → 录制编写片头和片尾 → 合成和编辑 → 封装与上传 → 教学中应用

8.3 试卷讲评类微课制作与应用

试卷评讲中,使用微课有以下优势:一是重现实验,让学生再次看到题目的真实情景和真实结果,通过局部凸显让学生看到细节之处;二是节省时间,提高效率。对有些题目的理解,用老师的语言讲解往往会显得晦涩难懂,用微课以实验或动画的形式展示出来却可以秒懂;三是丰富课堂形式,让课堂不再那么枯燥。

8.3.1 "'声、光、热'综合测验试卷评讲课"教学板书与教学流程

(1)"'声、光、热'综合测验试卷评讲课"板书

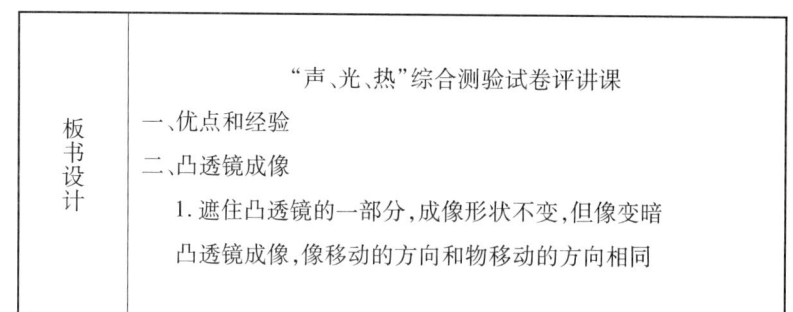

(2)"'声、光、热'综合测验试卷评讲课"教学流程

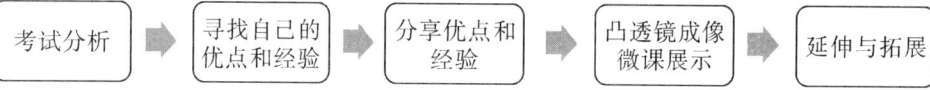

8.3.2 "'声、光、热'综合测验试卷评讲课"微课的任务清单与脚本

(1) "'声、光、热'综合测验试卷评讲课"微课学习任务清单

一、学习指南
课题名称:"声、光、热"综合测验试卷评讲课
达成目标:加深对题目知识点的理解
学法建议:应用微课节点暂停功能引导学生反思学习
课堂学习形式预告:在教学过程中插入微课,在暂停与师生互动过程中寻找规律
二、学习任务
1.说出凸透镜被遮住部分后的成像情况
2.说出像移动的方向和物移动方向的关系
三、资源链接
四、困惑与建议

(2) "'声、光、热'综合测验试卷评讲课"微课拍摄脚本设计

录制时间: 年 月   **微课时间:** 分 秒

微课名称	"声、光、热"综合测验试卷评讲课				
知识点描述	凸透镜成像特点				
知识点来源	人教版《物理》八年级				
教学类型	试卷评讲课				
适用对象	八、九年级学生				
设计思路	通过微课视频中的实验再现帮助学生理解题目				
教学过程					
过程	内容	画面	声音	时间	备注
片头	课题	课件或视频文字	无	9秒	
实验与教学	凸透镜成像部分特点	图8-14,图8-15,图8-16	解读	60秒	
	凸透镜成像有趣的现象	图8-17,图8-18,图8-19	解读	50秒	
结尾	结论与问题清单				

8.3.3 "'声、光、热'综合测验评讲课"微课内容、节点与教学应用

(1) "'声、光、热'综合测验试卷评讲课"微课的内容与节点

➤微课1. "凸透镜成像部分特点"的画面

◆说明遮住凸透镜的一部分,成像形状不变,但像变暗,如图8-14所示。

◆说明凸透镜成像,像移动的方向和物移动的方向相同,如图8-15所示。
◆总结规律,如图8-16所示。

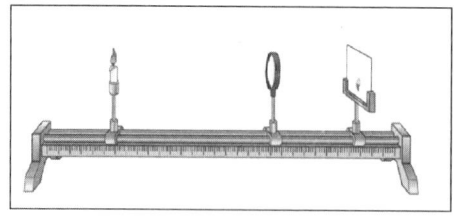

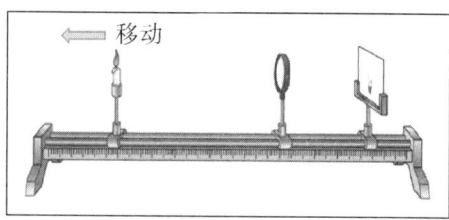

图8-14　　　　　　　　　　　　　图8-15

规律总结:
1. 遮住凸透镜的一部分,成像形状不变,但像变暗。
2. 凸透镜成像,像移动的方向和物移动的方向相同。

图8-16

➤微课1."凸透镜成像部分特点"的声音和节点
◆教师画外音:遮住凸透镜的一部分,成像会有什么变化?(节点1)
◆教师画外音:凸透镜成像时,如果蜡烛往左移动,像会往哪移动?(节点2)
(2)微课1."凸透镜成像部分特点"在教学中的应用

教师播放微课视频。视频里教师在做凸透镜成像规律的实验,光屏上成清晰的像。在此处设置"节点1"。教师按下暂停键问:如果遮住凸透镜的一部分,成像会有哪些变化呢?请同学们仔细观察。

教师继续播放微课。视频里教师用纸片遮住凸透镜的一部分,同时局部放大成像的地方。在此处设置"节点2"。教师按下暂停键问:看到什么变化了吗?学生:成像形状不变,但像变暗了。教师再问:为什么呢?这里学生未必回答得出来。教师继续引导:没遮住的那一部分凸透镜折光情况有改变吗?学生:没有。教师:知道为什么成像形状不变了吗?学生:折光情况没变,所以成像形状没变。教师:那为什么像会变暗呢?学生:射到被遮住那部分的光,没有在成像处会聚,少了会聚的光线。

教师继续播放微课视频。视频里教师把蜡烛往左边移动,在此处设置"节点3"。教师按下暂停键问:看到什么变化了吗?学生:光屏成不了清晰的像。教师再问:光屏在哪里可以成清晰的像呢?

教师继续播放微课视频。视频里教师把光屏左右移动,找到清晰的像。在此处设置"节点4"。教师按下暂停键问:找到什么规律了吗?学生:所成的像也向左移动。教师继续播放微课视频,总结要点。

【点评】在试卷的试题讲解时,如果是老师单纯讲解,就缺少了师生互动和学生对问题的思考;如果在课堂上直接做演示实验,也会浪费很多时间,而且后面的学生将难以观察到现象,而用微课视频的方案,可以很好地解决这些问题。将演示实验做成微课视频用到评讲课当中,是很好的方案。

(3)"凸透镜成像有趣的现象"微课内容与节点

➤微课 2."凸透镜成像有趣的现象"的画面

◆说明有一只小虫落在镜头上,拍照的清晰程度不受影响,如图 8-17 所示。

◆说明将凸透镜中间厚的部分裁掉,凸透镜成像情况不受影响,如图 8-18 所示。

◆总结规律,如图 8-19 所示。

图 8-17

图 8-18

图 8-19

➤微课 2."凸透镜成像有趣的现象"的声音和节点

◆教师画外音:摄影师照相时,有一只小虫落在镜头上,摄影师能拍到清晰的景色吗? 会不会拍到小虫的像?

◆教师画外音:中间厚边缘薄的透镜是凸透镜,如果把一个凸透镜中间厚的部分裁掉,还是凸透镜吗? 成像情况会有什么变化?

(4)微课 2."凸透镜成像有趣的现象"在教学中的应用

教师:摄影师照相时,有一只小虫落在镜头上,摄影师能拍到清晰的景色吗? 会不会拍到小虫的像? 学生可能会给出不同的答案,有些认为会拍到小虫的像,有些认为不会。

教师播放微课视频。视频里教师用单反相机拍照,并在镜头上贴一张小贴纸模仿小虫,然后镜头对着远处,相机的屏幕对着观众。在此处设置"节点 1"。教师按下暂停键:请同学们仔细观察。

教师继续播放微课视频。视频里教师按下拍摄键拍照,并调出刚拍的照片放大。在此处设置"节点 2"。教师按下暂停键问:看到的照片是怎样的? 学生:照片是清晰的,没有虫的像。教师再问:为什么呢? 学生:镜头被遮住了一部分,但其他地方的折光情况不变。教师:中间厚边缘薄的透镜是凸透镜,如果把一个凸透镜中间厚的部分裁掉,还是凸透镜吗? 成像情况会有什么变化? 一些学生可能会感到困惑。

教师继续播放微课视频。视频里教师用单反相机拍照,并在镜头中间贴一张小贴纸,模仿中间部分被裁掉,然后镜头对着远处,相机的屏幕对着观众。在此处设置"节点3"。教师按下暂停键:请同学们仔细观察。

教师继续播放微课视频。视频里教师按下拍摄键拍照,并调出刚拍的照片放大。在此处设置"节点4"。教师按下暂停键问:看到的照片是怎样的?学生:照片是清晰的。教师再问:为什么呢?学生:镜头被遮住了一部分,其他地方的折光情况不变,还是凸透镜。教师继续播放微课视频,总结要点。

【点评】这个微课承接上个微课的内容,一样的知识点应用在不同的场景中,问题很有迷惑性,但通过微课中的真实操作和真实现象,加上学生自己的分析和知识联系,可以比较轻松地解决问题。一个知识点,解决一系列的问题,既加深了学生的印象,又引导学生拓宽思维,升华了评讲课。

8.3.4 "'声、光、热'综合测验评讲课"微课制作软、硬件和流程

(1)制作微课1和微课2所需软、硬件

①多媒体电脑、智能手机(DV或录像机)、小型三脚架;②光具座、蜡烛、火柴、凸透镜、光屏、纸片、贴纸、单反相机;③视频编辑软件,如"剪辑师""爱剪辑""快剪辑"等。

(2)"'声、光、热'综合测验试卷评讲课"微课的制作流程

准备课件 → 准备实验器材 → 录制演示实验 → 录制实验解读 → 录制编写片头和片尾 → 合成和编辑 → 封装与上传 → 教学中应用

第9章　中学物理学生参与微课制作与应用

根据"学习金字塔"理论可知,教授别人知识能使学习内容留存率达到90%,也就是我们常说的学生当小老师——兵教兵。除了课堂内外,线上线下传统的学生互助讲解习题等方式外,让学生参与微课制作是另一种培养学生学科素养和综合能力的有效途径。将学生制作的微课应用于物理教学中,能更好地激发全体学生的学习兴趣;以学生喜爱的表达方式来提出物理问题、设计物理情景、展示实验过程、呈现解答过程,能促使学生深度学习,激发学生的创新意识。

结合课堂教学方法,可以将学生微课划分为讲授类、互动类、练习类、实验类、表演类、探究类、命题类等。本章内容,作者结合实例,介绍在教学中常用的学生参与实验类、命题类、互动类微课的制作与应用。学生参与制作的微课作品,既可以应用在线下课堂教学中,也可以通过QQ群、微信视频号、抖音等平台开展线上展示、交流与研讨。

9.1　学生参与实验类微课制作与应用

核心素养培养下的初中物理需要优化其教学途径,学生自主创新实验突破了"指令式"地做实验的传统方式,可以让学生主动地"想",让学生去"说",使学生在实验过程中不断创新思路,不断尝试新的做法,不断组织语言,在实验过程中去总结和表达。

9.1.1　"物体的浮沉条件及应用"教学板书与教学流程

(1)"物体的浮沉条件及应用"板书

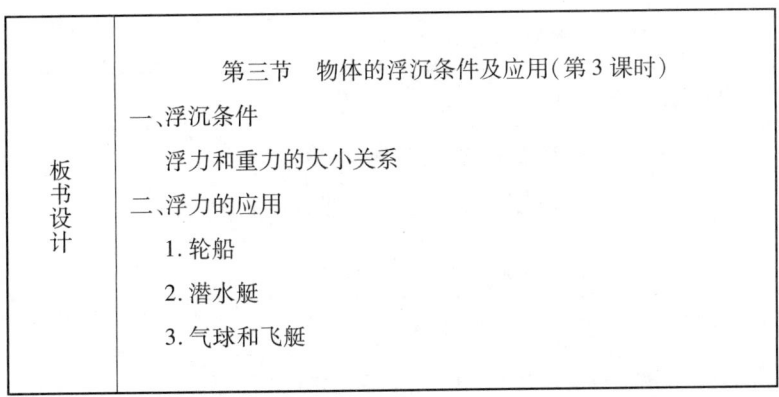

(2)"物体的浮沉条件及应用"教学流程

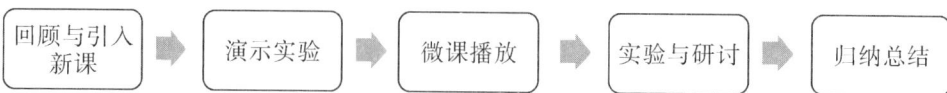

9.1.2 "物体的浮沉条件及应用"微课的任务清单与脚本

学生制作实验类微课,选题源于学生难以理解之处,实验器材简单易得,操作简单安全。教给学生简单的拍摄技巧,做好前期有关剪辑技术的培训,实验从设计好任务清单和脚本开始。

(1)"物体的浮沉条件及应用"微课学习任务清单

一、学习指南
课题名称:人教版《物理》八年级下册第十章第三节"物体的浮沉条件及应用"
达成目标:通过演示实验和微课,认识并能运用浮沉条件解决有关问题
学法建议:运用微课碎片化和节点暂停功能探究
课堂学习形式预告:在教学过程中插入微课,在观察实验、微课学习中理解浮沉的条件及应用
二、学习任务
1. 能举例说出什么是上浮、悬浮、下沉
2. 会根据浮力和重力的大小来判断物体的浮沉情况
3. 会结合浮沉条件分析轮船、潜水艇、气球的工作原理
三、资源链接
四、困惑与建议

(2)"物体的浮沉条件及应用"微课拍摄脚本设计

录制时间: 年 月 微课时间: 分 秒	
微课名称	物体的浮沉条件及应用
知识点描述	浮力与重力大小关系的变化会改变物体的浮沉
知识点来源	人教版《物理》八年级下册第十章第三节"物体的浮沉条件及应用"
教学类型	新课教学及学生演示实验
适用对象	八年级学生
设计思路	通过演示实验放大与视频暂停过程让学生找到规律

续表

教学过程					
过程	内容	画面	声音	时间	备注
片头	课题	课件或视频文字	无	12秒	
学生实验与教学	鸡蛋的浮沉实验	图9-1,图9-2	学生解读	19秒	
	会跳舞的葡萄干实验	图9-3,图9-4,图9-5,图9-6,图9-7	学生解读	90秒	
结尾	结论与问题清单			12秒	

9.1.3 "物体的浮沉条件及应用"微课内容、节点与教学应用

(1)"鸡蛋的浮沉"微课的内容与节点

➤微课1."鸡蛋的浮沉"的画面

◆说明实验目的:将鸡蛋放入清水中,会怎样呢(图9-1)?

◆学生演示实验,运用浮沉知识解释观察到的现象(图9-2、图9-3、图9-4)。

图9-1　　　　　　　　　　图9-2

图9-3　　　　　　　　　　图9-4

➤微课1."鸡蛋的浮沉"的声音和节点

◆学生画外音:将鸡蛋放入清水中,会怎样呢(节点1)?

◆学生画外音:鸡蛋密度大于清水的密度,重力大于浮力,所以鸡蛋下沉(节点2)。

◆学生画外音:在清水中加盐搅拌后,鸡蛋又会怎样呢?

◆学生画外音:当盐水密度大于鸡蛋密度时,鸡蛋所受浮力大于重力并上浮。

(2) 微课1."鸡蛋的浮沉"在教学中的应用

了解了物体的浮沉情况及对应的浮力和重力的关系后,设计鸡蛋的浮沉实验,让学生在观察中再一次深刻体验鸡蛋的浮沉以及背后的原因。准备一杯清水,手拿鸡蛋,设计"节点1"。教师按下暂停键问:将鸡蛋放入清水中,鸡蛋将如何运动?学生回答后,继续播放。学生看到鸡蛋下沉后,设计"节点2"。教师按下暂停键问:怎样才能让鸡蛋浮起来呢?学生回答:可以往水中加盐。教师:为什么要加盐?学生:盐在水中溶解后盐水的密度会不断增大,而鸡蛋的密度不变。再继续播放微课,继续加盐后,鸡蛋悬浮。设计"节点3"。教师提问:此时鸡蛋是什么状态?为什么能悬浮起来?

【点评】该实验微课由学生制作。学生通过改变液体的密度来改变物体所受浮力大小,从而改变物体的浮沉状态。在播放微课的过程中,通过暂停功能,引导学生的思维。加盐搅拌的过程比较长,这里巧妙地运用画外音"漫长的加盐搅拌之后"带过,马上就能看到实验结果,大大节约了时间,提高了教学效率。

(3)"会跳舞的葡萄干"微课的内容与节点

➢微课2."会跳舞的葡萄干"的画面

◆说明要观察葡萄干放进雪碧(饮料)后的情况(图9-5)。

◆葡萄干上浮的情况(图9-6)。

◆葡萄干下沉的情况(图9-7)。

➢微课2."会跳舞的葡萄干"的声音和节点

◆学生画外音:将葡萄干放入雪碧中,会怎样?(节点1)

◆学生画外音:葡萄干为什么会上浮?(节点2)

◆学生画外音:葡萄干上浮到液面之后,为什么又会下沉?(节点3)

图9-5

图9-6

图9-7

(4)微课2."会跳舞的葡萄干"在教学中的应用

当学生知道了改变液体的密度可以改变同一物体所受浮力后,教师问:还有什么方法可以改变物体所受浮力和沉浮状态?学生猜测:改变物体的体积。

开始播放微课,展示实验器材,设计"节点1"。将葡萄干放入雪碧中,会怎样?按下暂停键,学生思考后回答。继续播放,看到葡萄干在雪碧中上下翻滚,找到一颗正在上浮的葡萄干,设计"节点2"。按下暂停键,提问:仔细观察葡萄干,为什么葡萄干会上浮呢?学生回答:葡萄干上附有许多小气泡,增大了排开液体的体积,浮力增大到大于重力后,就会浮起来。当葡萄干上浮到液面时,设计"节点3"。教师提问:为什么上浮到液面的葡萄干,又会下沉呢?

【点评】葡萄干和雪碧的组合让学生眼前一亮。将葡萄干放入雪碧中会怎样,这样的情景一下子就吸引住了学生。看到葡萄干的浮沉时,引导学生从影响浮力大小的2个因素出发,观察思考,原来是葡萄干上附有大量的气泡,葡萄干和气泡联合体受到的浮力大于重力并上浮,当其浮到液面时,部分气泡破裂,葡萄干和气泡联合体受到的浮力小于重力并下沉,如此往复,好像在"跳舞"。这一微课很好地培养了学生的实验观察能力和科学思维。

9.1.4 "物体的浮沉条件及应用"微课制作软、硬件和流程

(1)制作微课1和微课2所需软、硬件

①平板电脑或电脑、智能手机、照相机、小型三脚架;②实验器材:鸡蛋、食盐、水、雪碧、葡萄干、杯子和筷子等;③视频编辑软件,如"剪映""快影""抖音"等。

(2)"物体的浮沉条件及应用"微课的制作流程

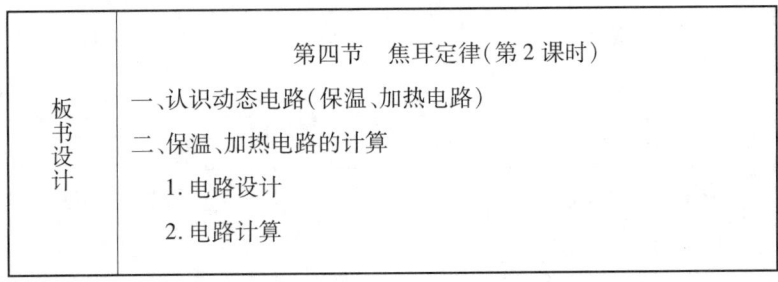

9.2 学生参与命题类微课制作与应用

在学生参与命题的过程中,学生会主动地建构知识,进行师生间、生生间的互动学习,在自主学习与应用的过程中,激发了学生的创新潜能。微课具有短小精悍的特点,保障了学生命题活动的高效开展,具有可任意时候播放、暂停、回放等多种功能,可实现自我控制;方便与各种信息化技术有效整合,如物理情景立体直观的再现、展示学生命题情况等。微课不仅为学生命题教学活动提供了更加广阔的信息选择,还能通过各种线上、线下的讨论交流,促进学生命题活动的有效实施。

9.2.1 "焦耳定律(第2课时)"教学板书与教学流程

(1)"焦耳定律(第2课时)"板书

(2)"焦耳定律(第2课时)"教学流程

9.2.2 "焦耳定律(第2课时)"微课的任务清单与脚本

(1)"焦耳定律(第2课时)"微课学习任务清单

一、学习指南
课题名称:人教版《物理》九年级全一册第十八章第四节"焦耳定律(第2课时)"
达成目标:通过微课及学生命题掌握动态电路(保温、加热)的计算
学法建议:运用微课碎片化和节点暂停功能分析动态电路并进行命题活动
课堂学习形式预告:在教学过程中插入微课,在暂停与师生互动过程中寻找规律
二、学习任务
1.知道如何使电路中的电功率变大或变小
2.设计一个电功率会改变的电路图
3.运用电路图命1道动态电路(保温、加热)计算题
三、资源链接
四、困惑与建议

(2)"保温、加热电路命题"微课拍摄脚本设计

录制时间:　　年　月　　微课时间:　分　秒

微课名称	焦耳定律(第2课时)
知识点描述	动态电路中的电阻发生变化改变电功率
知识点来源	人教版《物理》九年级全一册第十八章第四节"焦耳定律(第2课时)"
教学类型	新课教学及学生命题训练
适用对象	九年级学生
设计思路	通过微课让学生找到电功率的变化规律,并能对知识点进行命题

教学过程					
过程	内容	画面	声音	时间	备注
片头	课题	课件或视频文字	无	9秒	
实验与教学	保温、加热电路的设计	图9-8,图9-9,图9-10	教师解读	102秒	
	保温、加热电路的命题	图9-11,图9-12,图9-13	教师解读	88秒	
结尾	结论与问题清单				

9.2.3 "保温、加热电路命题"微课内容、节点与教学应用

(1)"保温、加热电路的设计"微课的内容与节点

➤微课1."保温、加热电路的设计"的画面

◆家用电热水器的保温、加热档跳档过程(图9-8)。

◆分析保温、加热电路功率变化的原因(图9-9)。

◆指导学生学习保温电路的设计方案(图9-10)。

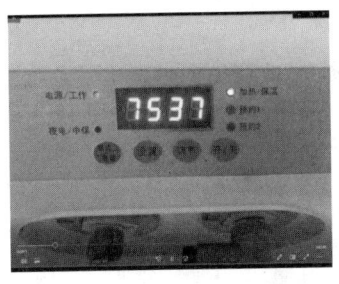 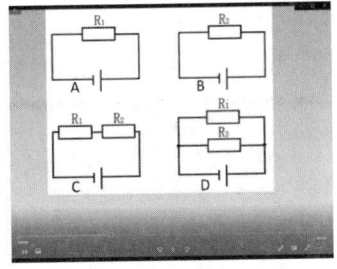 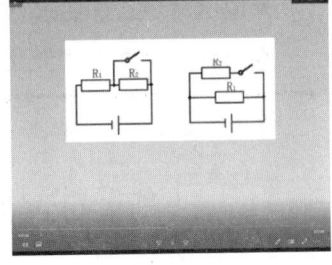

图9-8 电热水器档位变化　　图9-9 电功率变化的原因　　图9-10 保温电路设计方案

➤微课1."保温、加热电路的设计"的声音和节点

◆教师画外音:你家哪些电器能实现保温和加热档的变换?(节点1)

◆教师画外音:把上面几个图(节点2)的电功率从大到小排列,并说出你的依据。

◆教师画外音:请设计一个保温、加热电路和大家分享。(节点3)

(2)微课1."保温、加热电路的设计"在教学中的应用

通过微课的引入,帮学生直观地感受保温、加热电路的场景。对于不善于观察生活的学生,也可通过视频助其迅速进入本节课的生活情景中。在此处设置"节点1"。按下暂停键,让学生充分认识到保温、加热电路在生活中既常见又重要,明确学习目标,提高学生兴趣。

保温档和加热档,其实就是电功率大小不同的电路。教师:给你2个电阻丝($R_1 > R_2$),把它们接入电路中,能有多少种接入方式? 学生:4种。教师:把微课中几个图的电功率从大到小排列,并说出你的依据。在此处设置"节点2"。师生分析好相关条件,运用求电功率的公式进行分析解说,获得改变电功率的方法和规律,了解清楚保温电路的本质。

微课分析完保温、加热电路的判断,教师按下"节点3"的暂停键说:请同学们设计一个电路图。只要设计的电路的电功率能改变,就是成功的! 学生在练习本上画草图进行设计与讨论。教师:说一说,你的电路是怎么操作的? 怎样是保温档,怎样又变成加热档? 学生和组内小伙伴们说一说,各组再选1人在全班同学面前展示并说明自己电路的操作过程。

【点评】让学生参与命题的过程中,首先给出示范电路让学生观察与思考,在教师的引领下,学生发挥自己的创造性思维,提出了串联、并联甚至混联等许多课本上看不到的

电路图,也提出了各种各样五花八门的操作方法。在教师引领、微课示范过程中,学生学会模仿与命题,在命题的设计、解析的编写,对知识、问题及解题步骤的全面思考的过程中提升能力。

(3)"保温、加热电路的命题"微课的内容与节点

➤微课2."保温、加热电路的命题"的画面

◆给同学们选图,布置命题任务,如图9-11所示。

◆说明命题条件要求,如图9-12所示。

◆指导学生进行评价及拓展,思考还可以怎样变题,如图9-13所示。

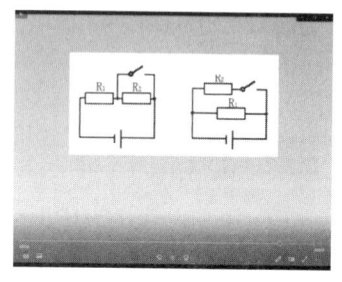

图9-11

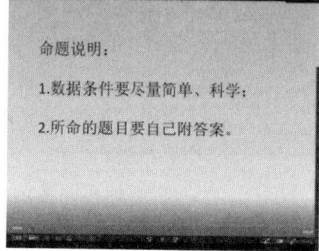

图9-12

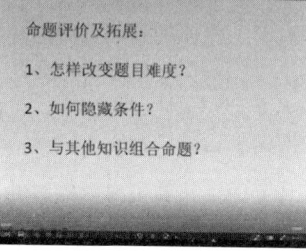

图9-13

➤微课2."保温、加热电路的命题"的声音和节点

◆教师画外音:运用设计的电路图,命1道与保温电路有关的计算题。(节点1)

◆教师画外音:自己设定数据条件(节点2),注意微课上的命题说明。

◆教师画外音:如何相互学习、评价同学们的题目,请留意微课上的评价拓展要点。(节点3)

(4)微课2."保温、加热电路的命题"在教学中的应用

学生运用自己设计的电路图或微课中的电路图进行命题。在此处设置"节点1",短暂暂停让学生选图命题(建议选一个结构简单些的图)。微课播放命题说明:①设定的数据条件要尽量简单,方便课堂计算;②数据要科学合理,符合生活实际;③所命的题目要自己附答案。在此处设置"节点2"。学生独立完成命题工作,教师引领,老师和学生对命题进行评价。在此处设置"节点3"。要求学生对改进的命题进行评价,提出拓展要求:①是否符合保温电路要求;②数据条件是否科学合理;③可以怎样提高或降低难度;④可以怎样隐藏条件。

【点评】不同阶段,学生命题的目标重点不同,每次命题活动的重点应突出。此次是学生首次进行保温电路的命题,其任务的重点是:通过命题活动,使学生更好地理清知识的来龙去脉,掌握好解题方法。因此,此次命题活动简化了其他方面的要求,如数据的要求等,活动中对学生命题情况进行评价拓展,是整个命题活动中的高潮部分。把学生的题目晒出来,做好评价活动不但能点燃学生的学习热情,更重要的是通过教师对学生命

题的点评、拓展与肯定,总结出各种命题、解题方法与窍门。

9.2.4 "焦耳定律(第2课时)"微课制作软、硬件和流程

(1)制作微课1和微课2可选择的软、硬件

①平板电脑或电脑、智能手机(DV或录像机)、小型三脚架;②录制视频软件,如"EV录屏""PPT+录屏""微课宝"等;③视频编辑软件,如"剪辑师""爱剪辑""快剪辑"等。

(2)"焦耳定律(第2课时)"微课的制作流程

9.3 教师学生互动类微课制作与应用

互动式课堂教学是对传统课堂教学的创新发展,突破了传统课堂教学单纯地传授知识和发展智力的局限,把培养学生的创造意识和学习情感放到至关重要的位置。其特色在于:一是由教师权威转变为师生相互尊重、相互信任,通过师生信息交流、互动、相互影响,真正实现教学相长;二是变"一言堂"为"群言堂",在讨论、辩论中使每个学生都能得到充分发展;三是督促教师激励学生勤思考,尝试建立新、旧知识间的关联和创新;四是鼓励学生大胆质疑、奇思妙想、激发兴趣。[①]

通过学生参与实验类微课制作,充分挖掘这类微课在课堂教学中的价值,从实践效果来看,很受学生欢迎。制作微课的学生看到自己的作品成了课程资源,有成就感;看到自己同学的微课,大家觉得格外亲切,更容易提升课堂专注力;教师可以挖掘微课中的细节,引导学生评估,提出改进意见,培育学生的批判思维和创新思维。

9.3.1 "惯性"教学板书与教学流程

(1)"惯性"板书

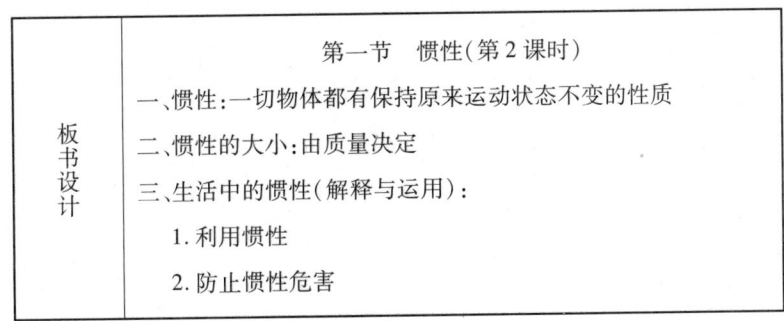

(2)"惯性"教学流程

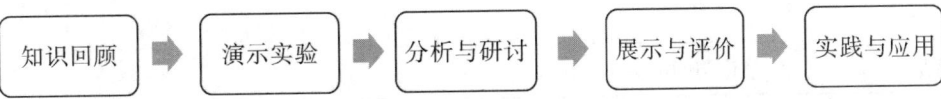

9.3.2 "惯性"微课的任务清单与脚本

(1)"惯性"微课学习任务清单

一、学习指南

课题名称:人教版《物理》八年级下册第八章第一节"牛顿第一定律"(第2课时"惯性")

达成目标:通过演示实验、学生实验以及微课,认识并能解释惯性现象

学法建议:利用微课碎片化和节点暂停功能探究惯性现象

课堂学习形式预告:在教学过程中插入微课,在实验、微课学习中理解惯性现象

二、学习任务

1. 说出什么是惯性

2. 设计有关惯性的实验并制作微课

3. 解释生活中的有关惯性现象

三、资源链接

四、困惑与建议

---

(2)"惯性"微课拍摄脚本设计

录制时间: 　年　月　　**微课时间:** 　分　秒

微课名称	惯性(第2课时)
知识点描述	惯性是物体保持原来运动状态不变的性质
知识点来源	人教版《物理》八年级下册第八章第一节"惯性(第2课时)"
教学类型	新课教学及学生演示实验
适用对象	八年级学生
设计思路	通过演示实验放大与视频暂停过程让学生找到规律

教学过程					
过程	内容	画面	声音	时间	备注
片头	课题	课件或视频文字	无	10秒	
学生实验与教学	匀速运动小车与上抛的小球	图9-14,图9-15	学生解读	19秒	
	悬挂小球与小车运动	图9-16,图9-17,图9-18,图9-19,图9-20	学生解读	90秒	
结尾	结论与问题清单				

9.3.3 "惯性"微课内容、节点与教学应用

(1)"竖直向上抛出的小球落向何处"微课的内容与节点

➤微课1."竖直向上抛出的小球落向何处"的画面

◆说明实验目的：匀速直线运动的自行车上，竖直向上抛出的小球将落在何处，如图9-14所示。

◆学生演示实验，利用惯性知识解释小球为什么落回原处，如图9-15所示。

图9-14

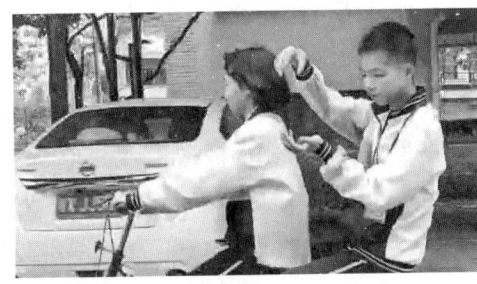
图9-15

➤微课1."竖直向上抛出的小球落向何处"的声音和节点

◆学生画外音：在匀速直线运动的自行车上，竖直向上抛出的小球将落向何处？（节点1）

◆学生画外音：在匀速直线运动的自行车上，竖直向上抛出的小球将落回原处。（节点2）

◆学生画外音：竖直向上抛出的小球，由于具有惯性，仍然保持向前匀速直线运动的状态，所以落回原处。

(2)微课1."竖直向上抛出的小球落向何处"在教学中的应用

在学生对惯性现象有了初步认识之后，展示教材中"动手动脑学物理"中的一个问题："在一列匀速直线行驶的列车内，一个同学相对于车厢竖直向上跳起，他是否会落在车厢内原来的起跳点？说出你的理由。"

学生看完问题之后，提出自己的猜想和理由，用实验来验证。让学生说出实验设计的思路：用自行车代替列车，用小球代替列车上的人。展示微课画面，在此处设计"节点1"。教师提问：竖直向上抛出的小球，将落在哪里？

学生看完微课片段之后，教师按下暂停键问：看到了什么？学生：小球落在同学的手上。教师继续播放微课。做实验的同学多次抛出小球，小球均落在手里，此时学生确认在匀速直线运动的自行车上，竖直向上抛出的小球会落回原处。在此处设计"节点2"。教师提问：为什么小球会落回原处？

在学生自由解释后，教师播放微课，由实验组的同学解释：①抛出之前，小球和自行车一起做匀速直线运动。②竖直向上抛出小球，小车继续匀速直线运动。③小球由于具有惯性，在上升与下降的过程中，仍然保持向前匀速直线运动。④小球落回原处。

【点评】本节的"惯性"微课设计是以学生为主体，学生自主创新，亲自参与体验，针对教材习题难点设计完成的。相当一部分同学没有乘坐过列车，乘坐过列车（汽车）的同

学也没有做过类似的实验,所以该问题是难点。通过学生制作的实验微课,清晰地呈现小球的运动路径,让学生确认事实,进一步理论联系实际,突破难点。学生利用自行车模拟展示列车上的情景,让人眼前一亮,激发了学习兴趣和创新意识。

(3)"悬挂的小球向哪边摆动"微课的内容与节点

➤微课2."悬挂的小球向哪边摆动"的画面

◆说明要观察悬挂小球的惯性现象,如图9-16所示。

◆玻璃罐匀速运动时小球的摆动情况,如图9-17所示。

◆玻璃罐加速运动时小球的摆动情况,如图9-18所示。

◆玻璃罐减速运动时小球的摆动情况,如图9-19所示。

◆对实验的对比分析,如图9-20所示。

图9-16

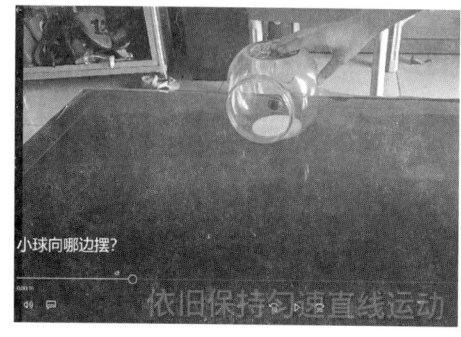

图9-17

图9-18

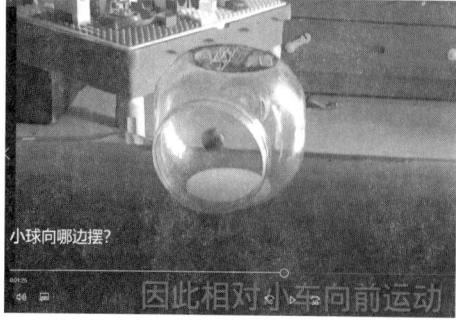

图9-19

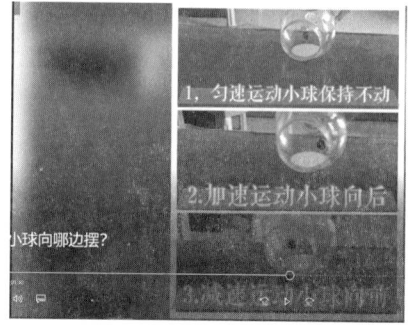

图9-20

> 微课 2. "悬挂的小球向哪边摆动"的声音和节点

◆学生画外音：玻璃罐匀速运动时，小球会怎样摆动？（节点 1）

◆学生画外音：玻璃罐突然加速时，小球会怎样摆动？（节点 2）

◆学生画外音：玻璃罐突然减速时，小球会怎样摆动？（节点 3）

◆学生画外音：出现上面 3 次不同的现象，是因为小球有惯性，保持了原来的运动状态。

(4) 微课 2. "悬挂的小球向哪边摆动"实验在教学中的应用

在上一个微课的学习之后，教师问：在自行车上抛出去的小球，一定会落回原处吗？学生：不一定。教师：为什么？学生：将小球抛出去后，自行车突然加速，或者突然减速，小球就会落在不同位置。教师展示微课"悬挂的小球向哪边摆动"。

当微课播放到玻璃罐突然加速，小球开始摆动时，按下暂停键，问：看到了什么？学生：小球向后摆动。教师：为什么？学生：小球由于惯性，仍然保持原来的速度匀速运动，而玻璃罐加速了，所以小球就落后了，相对于玻璃罐就是向后摆。教师：正确。那么如果玻璃罐突然减速，小球又会怎样摆动呢？继续播放微课。最后用一张图片将 3 种不同摆动的情况一起展示并进行分析。

【点评】大部分学生都有坐公交车时向前倾、向后仰的经历，本微课的亮点在于用简单的器材模拟这一情景，并且通过慢镜头将小球向前或向后摆动的过程呈现出来，给学生带来强烈的视觉冲击，留下深刻的印象，使学生更好地理解物体的惯性，就是保持原来的运动状态不变的性质。

在师生互动类微课制作过程中，首先要明确实验的题目，准备好器材。在师生合作过程中，多准备几个相关的题材来进行实验，丰富内容，还要进行反复实验，减小误差，避免错误。后期剪辑视频的时间可能比较长，所以要提前做好实验，以免耽误时间，通过后期剪辑所用的慢动作或者快放等功能来凸显实验效果。

9.3.4 "惯性"微课制作软、硬件和流程

(1) 制作微课 1 和微课 2 所需软、硬件

①平板电脑或电脑、智能手机、照相机、小型三脚架；②实验器材：自行车、小球、玻璃罐、细线、透明胶等；③视频编辑软件，如"剪映""快影""抖音"等。

(2) "惯性"微课的制作流程

第10章 科技创新的微课制作与应用

科技创新活动同物理学科知识有着广泛的联系,在物理教学中,科技创新活动应与中学物理基础知识相联系,使学生运用学过的文化知识,进行以科技创新为主的各种活动,让学生在科技创新与物理学习的结合过程中提升学科素养。

10.1 科技创新教学的微课制作与应用

10.1.1 "电动机能发电吗"板书与教学流程

(1)"电动机能发电吗"板书

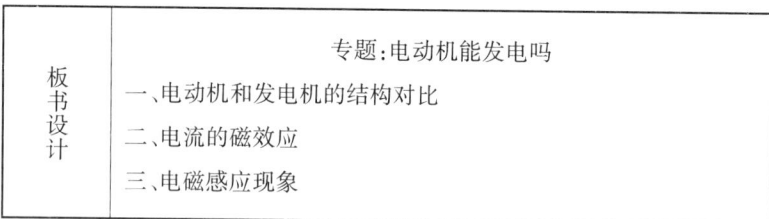

(2)"电动机能发电吗"教学流程

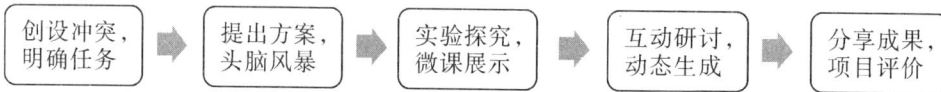

10.1.2 "电动机能发电吗"微课的任务清单与脚本

(1)"电动机能发电吗"微课学习任务清单

一、学习指南

课题名称:人教版《物理》九年级第二十章复习的微探究

达成目标:1. 通过概念、实物展示及微课找到电动机和发电机的结构是相同的
        2. 通过实验演示及微课,得出"电动机能发电"的结论

学法建议:利用微课碎片化和节点暂停功能呈现电动机和发电机的结构对比,得到"电动机能发电"的结论

续表

课堂学习形式预告:在教学过程中插入微课,在暂停与师生互动过程中创设问题冲突,并得出"电动机能发电"的结论	

二、学习任务

  1. 通过实物图片和概念对比,找到电动机和发电机的结构是相同的

  2. 通过实验,演示电动机是能发电的

  3. 分析电动机和发电机的能量转换

三、资源链接

四、困惑与建议

(2)"电动机能发电吗"微课拍摄脚本设计

录制时间:　　年　月　　微课时间:　　分　秒

微课名称	电动机能发电吗
知识点描述	1. 电动机与发电机都是由定子和转子组成的 2. 电动机能发电,其原理也是"电磁感应"
知识点来源	人教版《物理》九年级第二十章第四节和第五节
教学类型	复习课的微探究专题
适用对象	九年级学生

10.1.3 "电动机能发电吗"微课内容、节点与教学应用

设计思路	通过概念、实物展示与微课让学生发现问题冲突,并借助实验证实				
教学过程					
过程	内容	画面	声音	时间	备注
片头	课题	课件或视频文字	无	9秒	
实验与教学	解剖电动机和发电机	图10-1,图10-2,图10-3	解读和教师提问	40秒	
	电动机点亮二极管	图10-4,图10-5,图10-6	解读二极管发光	20秒	
结尾	结论与问题清单				

(1)"电动机和发电机的结构对比"微课的内容与节点

  ➤微课1."电动机和发电机的结构对比"的画面

    ◆呈现玩具电动机内部结构图片,如图10-1所示。

◆电动机的结构与发电机结构的图示对比,如图 10-2 所示。
◆呈现教材中关于电动机与发电机的结构概念,如图 10-3 所示。

图 10-1

图 10-2

> 电动机由两部分组成:能够转动的线圈和固定不动的磁体。在电动机里,能够转动的部分叫做转子,固定不动的部分叫做定子。电动机工作时,转子在定子中飞快地转动。

> 实际的发电机比模型式发电机复杂得多,但仍是由转子(转动部分)和定子(固定部分)两部分组成的。大型发电机发的电,电压很高、电

图 10-3

➤ 微课 1."电动机和发电机的结构对比"的声音和节点

◆教师画外音:电动机和发电机中都有磁体和线圈,它们的结构相同吗?(节点 1)

◆教师画外音:书本上关于电动机和发电机的结构定义与实物结构吻合吗?(节点 2)

◆教师画外音:既然电动机和发电机的结构相同,那电动机能发电吗?(节点 3)

(2)微课 1."电动机和发电机的结构对比"在教学中的应用

教师推送拆开小电动机的视频过程,激发学生的学习兴趣。当出现电动机的主体结构时,教师可以提问:看到电动机的主体结构了吗?为了让学生清晰地看到电动机的主体结构,可以将电动机的主体结构进行放大,然后利用暂停键,定格在那个放大的画面,这时学生会脱口而出:看到了线圈和磁体。接着呈现发电机的结构,让学生对比电动机和发电机的结构。在此处设置"节点 1"。

教师按下暂停键,画面上呈现了电动机和发电机的主体结构,教师问:电动机与发电机的结构相同吗?学生通过观看实物,很直观地知道电动机和发电机的主体结构是相同的。因为解剖后的电动机(图 10-1)和发电机(图 10-2)有配件的干扰因素,所以学生

的回答会存在一些不确定的可能性。为了进一步加深学生对"电动机和发电机结构相同"的认识,让学生再次回顾一下书本上关于电动机和发电机的结构定义。在此处设置"节点2"。

教师按下暂停键,画面上呈现了书本上关于"电动机和发电机的结构"。提问学生:电动机与发电机的结构与我们看到的实物吻合吗? 在观看实物的基础上,再结合书本,学生会很坚定地回答:吻合。这时学生已经确定电动机和发电机的结构是一样的。因为电动机与发电机的结构相同,有些学生会有疑惑:电动机是不是也可以发电呢? 在此处设置"节点3"。

教师按下暂停键问:既然电动机与发电机的结构相同,那电动机是否可以像发电机一样发电呢? 对此之前有疑惑的学生这时不会觉得突然,接下来会更加认真地跟着老师的节奏,思考电动机能否发电的问题。

【点评】教师借助微课直观地呈现了电动机和发电机的结构图片和概念,并以对比的形式加深学生对电动机和发电机结构相同的印象,学生从电动机和发电机的功能方面提出问题,思考"电动机能否变成发电机,电动机在什么情况下才能发电"这一新问题。

(3)"电动机发电"微课的内容与节点

➤微课2. "电动机发电"的画面

◆呈现电动机连接电路的图片(图10-4)。

◆电动机通电带动叶片转动的图片(图10-5)。

◆快速连续带动电动机的转轴时二极管闪烁发光的图片,如图10-6所示。

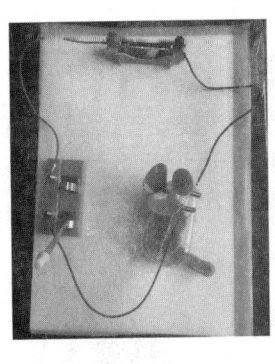
图10-4
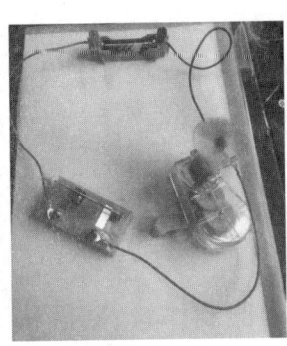
图10-5
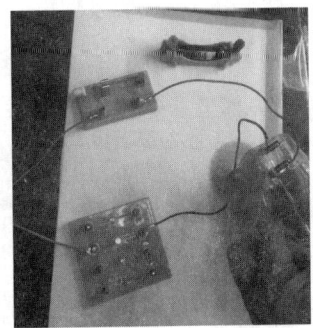
图10-6

➤微课2. "电动机发电"的声音和节点

◆教师画外音:为了证实电动机通电后能转动,先将电动机接上电源,看看它能否转动? (节点1)

◆教师画外音:从电动机接线柱上拆下电源,接上一个发光二极管。如果旋转电动机的轴,发光二极管会发光吗? (节点2)

◆教师画外音:刚才看到发光二极管能发出一闪一闪的微弱光,那电动机能发出连续的光吗?(节点3)

(4)微课2."电动机发电"在教学中的应用

为了让学生确信教师给的电动机通电后能转动,教师可以阐述:既然是电动机,通电后是能转动的,下面我们一起来看看这个电动机通电后能否转动。在此处设置"节点1"。

教师按下暂停键问:如何让电动机转起来呢?学生:将电动机接入电路中。接着推出视频教师将电动机接上电源,电路一通,电动机就转了起来。教师:这的确是个通电后能转动的电动机。那电动机工作的原理是什么?学生:通电导体在磁场中受到力的作用。教师:电动机在通电转动的过程中是耗电的,那电动机能发电吗?学生:不可能或有可能,因为电动机的结构与发电机的相同。

教师按下暂停键问:有什么方法能证实电动机发电呢?学生:可以让电动机给灯泡供电。教师:这是一个不错的主意。然后教师推出视频"从电动机接线柱上拆下电源,接上一个可发光的二极管"。在此处"节点2",

教师按下暂停键问:接下来怎么操作呢?学生:让电动机转起来。推出视频"转动电动机的轴时,二极管发出一闪一闪的微弱光"。在此处"节点3"。

教师按下暂停键问:刚才看到一闪一闪的微弱光,如何让二极管一直发光呢?学生:可以让电动机一直转起来。接着推出视频"连续转动电动机的轴,二极管一直发光"。教师:通过这些探究,我们发现电动机的确是能发电的。

【点评】教师在微课与真实实验的展示过程中,一开始让电动机通电转动,这个操作增强了学生对电动机的确认。借助暂停键,体现了"悬念"的功效,让学生有种追电视剧的感觉,同时也给予学生思考的时间,并激发学生主动思考:电动机是如何发电的?另外,每次的暂停,都能有新奇问题,在潜移默化中引导学生沿着教师的设计继续深入探究。

10.1.4 "电动机能发电吗"微课制作软、硬件和流程

(1)制作微课1和微课2所需软、硬件

①多媒体电脑、智能手机(DV或录像机)、小型三脚架;②电动机、发光二极管、干电池组、导线、开关、齿轮箱、摇柄;③视频编辑软件,如"剪辑师""爱剪辑""快剪辑"等。

(2)"电动机能发电吗"微课的制作流程

准备课件 → 准备实验器材 → 录制演示实验 → 录制实验解读 → 录制编写片头和片尾 → 合成和编辑 → 封装与上传 → 教学中应用

10.2 科技创新实践的微课制作与应用

要积极探索物理实验创新,将这些创新实验与物理知识融合在一起,制作成一系列的微课,激发学生的学习兴趣,化解教学中的难点。

10.2.1 "导体与通断路的检测"教学板书与教学流程

(1)"导体与通断路的检测"板书

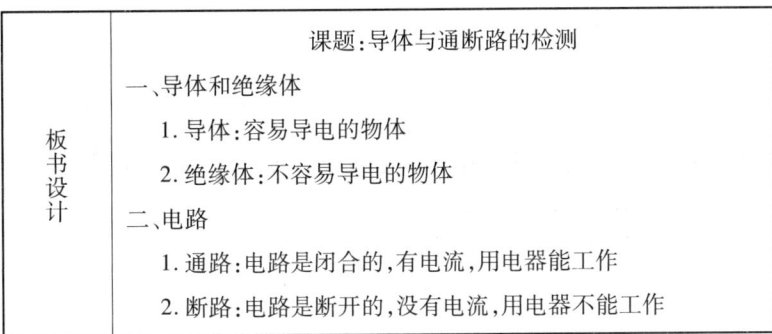

(2)"导体与通断路的检测"教学流程

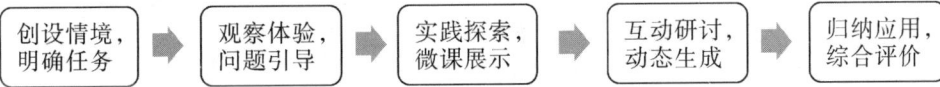

10.2.2 "导体与通断路的检测"微课的任务清单与脚本

(1)"导体与通断路的检测"微课学习任务清单

一、学习指南
课题名称:人教版《物理》九年级第十五章第二节"电流电路的微探究"
达成目标:通过演示实验及微课加深学生对导体和通断路等概念的理解
学法建议:利用微课碎片化和节点暂停功能加深学生对导体和通断路的理解
课堂学习形式预告:在教学中插入微课,在暂停与师生互动中加深学生对概念的理解
二、学习任务
1.对绝缘体和导体作出准确判断   2.设计并通过实验检测通路和断路
三、资源链接
四、困惑与建议

(2)"导体与通断路的检测"微课拍摄脚本设计

录制时间：	年　月　　微课时间：　分　秒
微课名称	微探究：导体与通断路的检测
知识点描述	容易导电的物体叫导体，不容易导电的物体叫绝缘体；接通电路后用电器能工作的电路是通路，电路中某处被切断，不会有电流流过的情况叫断路
知识点来源	人教版《物理》九年级第十五章第一节和第二节
教学类型	新授课
适用对象	九年级学生

10.2.3 "导体与通断路的检测"微课内容、节点与教学应用

设计思路	通过常见物体的演示实验与视频暂停过程让学生加深对概念的理解				
教学过程					
过程	内容	画面	声音	时间	备注
片头	课题	课件或视频文字	无	9秒	
实验与教学	检测人体和水等常见物质是否是导体	图10-7，图10-8	解读	33秒	
	通过"手拉手"活动体验通断路	图10-9，图10-10	解读	10秒	
结尾	结论与问题清单				

(1)"检测人体和水是否是导体"微课的内容与节点

　➢ 微课1."检测人体和水是否是导体"的画面

　　◆ 检测人体是导体，如图10-7所示。

　　◆ 检测水是导体，如图10-8所示。

图10-7　　　　　　　　　　　图10-8

➢微课1."检测人体和水是否是导体"的声音和节点

◆教师画外音:当两手连入电路中,灯泡为什么不会发亮呢?(节点1)

◆教师画外音:将两手紧握检测器的2根导线时,灯泡会发光吗?(节点2)

◆教师画外音:将检测器的2根导线放入水中时灯泡会发光吗?(节点3)

(2)微课1."检测人体和水是否是导体"在教学中的应用

教师演示导体检测器的实验问:将钢尺与木条分别接入电路时,灯泡会不会亮?学生:接入钢尺时灯泡会亮,接入木条时灯泡不会亮。教师播放"将钢尺和木条分别接入电路时灯泡亮暗情况",学生看到的现象:接入钢尺时灯泡是亮的,接入木条时灯泡是不亮的,由此可以得出钢尺是导体,木条是绝缘体。在此处设置"节点1"。

教师按下暂停键问:将人接入电路中,灯泡会亮吗?学生:会亮,因为人是导体。教师推出视频"将人和生活中的水分别连入电路中,灯泡均不亮"。教师:既然人和生活中的水是导体,那灯泡为什么不亮呢?学生:可能电流不够大。教师:若电流太大,对人会造成伤害,那有什么办法可以在安全的基础上证实人体和水是导体呢?在此处设置"节点2"。学生:把电流增大到人体可以接受的范围内,换成通过较小电流就能发光的灯泡,当有较小电流通过人体时,灯泡就能发光了。

教师按下暂停键,简介导体检测仪的功能及其使用方法:当物体两端与检测器的2根导线连接时,灯泡发亮意味着该物体是导体,否则就是绝缘体。展示视频:将钢尺和木条分别与检测器相连时,灯泡分别是亮的和不亮的。此时学生会有疑问:将人的两手与检测器的2根导线相连时,灯泡会亮吗?接着教师推出视频:将人与检测器相连,发现灯泡是发亮的,证实了人是导体。与此同时学生会思考:水与检测器相连,灯泡会亮吗?在此处设置"节点3"。

教师按下暂停键问:现在将检测器的2根导线放入水中,灯泡会不会亮呢?学生:可能会。接着推出视频"将检测器的2根导线放入水中,灯泡是亮的",学生看完后,对于人和水是导体就深信不疑了。

【点评】教师在微课设计与真实实验的展示过程中,利用微课呈现了人和水是导体的实验,填补了常规实验中的空白,加深了学生对"物理来源于生活"的理解。通过几个节点的暂停和师生互动,让学生思考并找到问题的结论,与此同时,也让学生感受到创新的魅力。本节课借助微课解决了"人体和水是导体"的实验验证问题,加深了学生对于导体等概念的理解,拓展了学生的视野。

(3)"手拉手模拟通路和断路"微课的内容与节点

➢微课2."手拉手模拟通路和断路"的画面

◆连接"手拉手电路"模拟通路,如图10-9所示。

◆断开"手拉手电路"中的某处,模拟断路,如图10-10所示。

图 10-9

图 10-10

➤微课 2."手拉手模拟通路和断路"的声音和节点

◆教师画外音:有什么办法既不伤害人,又能达到手拉手组成的通路中灯泡也能亮的效果呢?(节点 1)

◆教师画外音:由手拉手组成的通路中,如果两只手松开了,灯泡还会亮吗?

(4)微课 2."手拉手模拟通路和断路"在教学中的应用

教师演示电路的通断时,常用导线将电源、小灯泡和开关串联起来组成通路,通过开关或导线断开等方式演示断路。教师:既然人是导体,能否通过手拉手的方式代替导线,将电源、用电器等元件串联起来,组成通路呢?学生:不敢想象,担心人会受伤害。教师播放视频"将多位学生手拉手连入常规实验中的电路",发现视频中学生是没有受到伤害的,但灯泡也是不亮的。在此处设置"节点 1"。

教师按下暂停键问:为什么灯泡不亮呢?学生:电路中的电流不够大。教师:有什么办法既不伤害人,也能达到通路中灯泡也能亮的效果呢?教师推出实验视频"利用手拉手的方式与检测器串联组成通路"。实验中人拉人组成的通路,灯泡是发亮的。在此处设置"节点 2"。

教师按下暂停键问:如果这个手拉手组成的通路中,有两只手之间松开了,灯泡还会亮吗?学生:应该不会亮。教师继续播放视频"当任意两只手之间松开后,灯泡是不会亮的"。

【点评】教师微课的巧妙设计在于利用对比和暂停键 2 种方式。借助常规实验与创新实验之间的对比,加深了学生对通路和断路等概念的理解,激发了学生对科技创新的热爱和向往。利用暂停键,给予学生想象的空间和思考的时间,培养了学生的想象力和解决实际问题的能力,加快学生核心素养的奠基。

10.2.4 "导体与通断路的检测"微课制作软、硬件和流程

(1)制作微课 1 和微课 2 所需软、硬件

①多媒体电脑、智能手机(DV 或录像机)、小型三脚架;②检测器、导线若干;③视频编辑软件,如"剪辑师""爱剪辑""快剪辑"等。

(2)"导体与通断路的检测"微课的制作流程

准备课件 → 准备实验器材 → 录制演示实验 → 录制实验解读 → 录制编写片头和片尾 → 合成和编辑 → 封装与上传 → 教学中应用

10.3 生活中科技创新的微课制作与应用

物理教学应该充分落实"从生活走向物理,从物理走向社会"的理念,使学生在生活中体会物理的用途,并学会用知识解决现实生活中的问题,引导学生联系生活实际,分析物理现象,利用身边的物品进行物理创新实验,凸显物理的学科魅力。

10.3.1 "变阻器"教学板书与教学流程

(1)"变阻器"板书

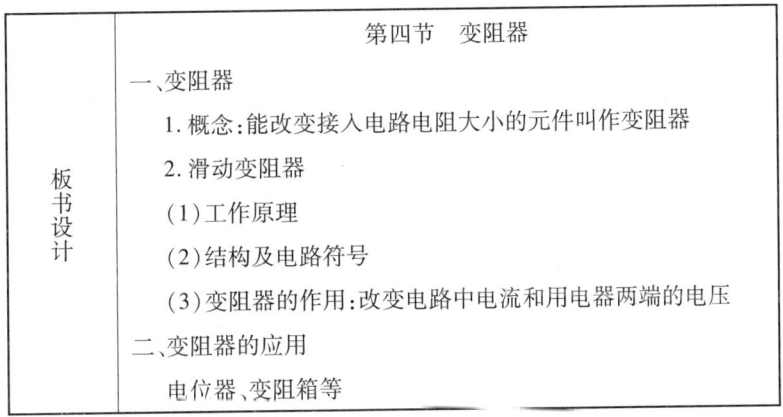

(2)"变阻器"教学流程

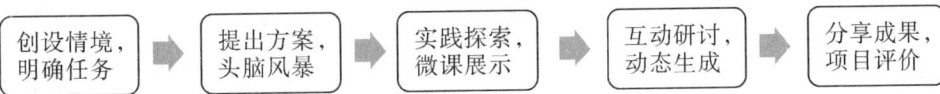

10.3.2 "变阻器"微课的任务清单与脚本

(1)"变阻器"微课学习任务清单

一、学习指南

课题名称:人教版《物理》九年级第十六章第四节"变阻器"

达成目标:1.能说出滑动变阻器的构造
2.通过实验演示及微课,知道滑动变阻器的原理

学法建议:利用微课碎片化和节点暂停功能,呈现电动机和发电机的结构对比,得出"发电机能发电"的结论

续表

课堂学习形式预告:在教学过程中插入微课,在暂停与师生互动过程中创设问题情境,并知道滑动变阻器的结构及其原理

二、学习任务

    1. 通过改变电阻材料的结构,认识滑动变阻器的结构

    2. 通过实验演示,理解滑动变阻器的原理

    3. 了解生活中的变阻器

三、资源链接

四、困惑与建议

(2)"变阻器"微课拍摄脚本设计

录制时间:　年　月　　微课时间:　分　秒

微课名称	变阻器
知识点描述	1. 能改变电阻值的器材叫作变阻器 2. 滑动变阻器工作原理:通过滑动改变接入电阻的阻值
知识点来源	人教版《物理》九年级第十六章第四节"变阻器"
教学类型	新课教学及演示实验
适用对象	九年级学生
设计思路	通过电阻材料的结构变化与微课让学生认识变阻器的结构及原理

教学过程					
过程	内容	画面	声音	时间	备注
片头	课题	课件或视频文字	无	9秒	
实验与教学	铅笔芯改变灯泡的亮度	图10-11	解读和提问	30秒	
	"灯泡高电走钢丝"改变灯泡亮度	图10-12	解读和提问	30秒	
	滑动变阻器原理	图10-13	解读和提问	10秒	
结尾	结论与问题清单				

10.3.3 "变阻器"微课内容、节点与教学应用

(1)"滑动变阻器的结构及其原理"微课的内容与节点

➤ 微课"滑动变阻器的结构及其原理"的画面

◆ 找出铅笔芯改变灯泡亮度的不足,如图 10-11 所示。

◆ 找出"灯泡高空走钢丝"中改变灯泡亮度时的不便操作因素,如图 10-12 所示。

◆ 说出滑动变阻器改变电阻的原理,如图 10-13 所示。

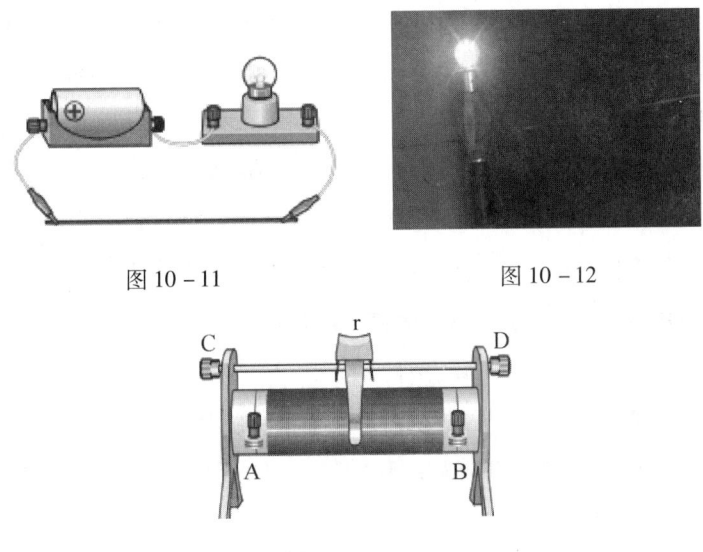

图 10-11　　　　　　图 10-12

图 10-13

➤ "滑动变阻器的结构及其原理"的声音和节点

◆ 教师画外音:用铅笔芯改变灯泡的亮度明显吗?(节点 1)

◆ 教师画外音:"灯泡高空走钢丝"改变灯泡的亮度所占空间太大,操作不方便。(节点 2)

◆ 教师画外音:如何改变滑动变阻器的电阻?(节点 3)

(2) "滑动变阻器的结构及其原理"在教学中的应用

教师在演示铅笔芯改变灯泡亮度的实验中,用铅笔芯接入电路中的长度来改变灯泡的亮度。教师问:能看到灯泡的亮度改变了吗?学生:有改变,但变化不大。在此处设置"节点 1"。

教师按下暂停键问:如何让灯泡的亮度变化大些呢?学生:可以让铅笔的长度更长一些。接着,教师顺着学生意思,播放视频"灯泡高空走钢丝改变灯泡的亮度"。在视频中,铅笔芯被换成了一段更长的电阻丝,阻值变化大了,灯泡的亮度变化也更明显了。在此处设置"节点 2"。

教师按下暂停键问:为了改变灯泡的亮度,用这么长的电阻丝占据了很大的空间,操作也不方便。有没有办法在不改变电阻丝长度的前提下,缩小它的空间呢?学生:可以将长的电阻丝绕成圈圈,这样就可以缩小它所占的空间。于是教师播放视频"将一条长长的电阻丝紧密地缠绕在一个纸巾圆筒上",这样,电阻丝就没有占据很大的空间了。在此处设置"节点3"。

教师按下暂停键问:现在电阻丝不那么占空间了,但是如何改变它的电阻呢? 学生:可以将一个夹子沿着电阻丝滑动,来改变电阻的大小。教师:想法是没错的,但是操作起来还是不太方便。于是教师播放"滑动变阻器是如何改变电阻的",接着问:滑动变阻器是如何达到改变电阻的目的的? 学生:改变连入电阻丝的长度来改变电阻的大小。

【点评】教师借助微课创设了一系列有思考价值且环环相扣的问题,让学生在图像和声音中寻求解决问题的突破口。在解决问题的过程中,学生潜移默化地感受并体验了科学家解决问题的思维方法以及创新意识。借助暂停键,抓住关键节点,指明了突破问题的切入点,同时也给予学生充裕的思考和相互交流时间,为动态生成提供了必要的条件。这种在关键节点设置暂停键的微课形式,能够提升教学的精准度和品质。

10.3.4 "变阻器"微课制作软、硬件和流程

(1)制作微课1和微课2所需软、硬件

①多媒体电脑、智能手机(DV或录像机)、小型三脚架;②电动机、发光二极管、干电池组、导线、开关、齿轮箱、摇柄;③视频编辑软件,如"剪辑师""爱剪辑""快剪辑"等。

(2)"变阻器"微课的制作流程

准备课件 → 准备实验器材 → 录制演示实验 → 录制实验解读 → 录制编写片头和片尾 → 合成和编辑 → 封装与上传 → 教学中应用